KB191080

자유론

세계교양전집 2

자유론

존 스튜어트 밀 지음

이현숙 옮김

올리버

존 스튜어트 밀John Stuart Mill

• 차례 •

이 책에서 펼치는 모든 논의가 지향하는 제1의 원칙은
최대한 다양하게 인간 발전을 추구하는 것이야말로
절대적으로 중요하다는 점이다.

_ 빌헬름 폰 훔볼트Wilhelm von Humboldt의
《정부의 범위와 의무Sphere and Duties of Government》에서

내게 감화를 주던 나의 친구이자 아내였던 여성, 바로 그녀에 대한 소중하고도 가슴 아픈 추억을 기리며 이 책을 바친다(여기서 말하는 인물은 해리엇 테일러다-옮긴이). 이 글에 담긴 가장 뛰어난 내용은 책의 부분 저자이기도 한 그녀의 영감에서 나온 것이다. 진리와 정의에 대한 아내의 높은 식견은 나에게 강력한 자극이 되었고, 그녀의 칭찬은 무엇과도 바꿀 수 없는 기쁨이었다. 내가 여러 해 집필한 글들과 마찬가지로 이 책도 나의 글이지만, 또한 그녀의 글이나 다름없다. 그러나 이 글은 그녀의 손을 거쳐 수정이 이루어지지 못한 채 세상에 나왔다. 특히 몇 군데 중요한 부분은 아내의 세심한 재검토를 위해 남겨뒀건만 더는 그토록 귀중한 도움을 받을 수 없게 되었다. 이 책으로 그녀의 무덤에 함께 묻혀버린 위대한 사상과 고귀한 감성을 그 절반만이라도 이 세상에 전할 수 있다면! 그렇다면 나는 세상에 비길 데 없이 훌륭한 혜택을 남길 수 있을 것이고, 이는 놀라운 지혜의 소유자였던 아내의 아낌없는 격려와 지원을 받지 못한 채 쓰는 어떤 글보다 더욱 값질 것이다.

1장

들어가며

　내가 이 글에서 다루고자 하는 주제는 흔히 말하는 '의지의 자유'가 아니다. 유감스럽게도 '의지의 자유'는 '철학적 필연성'이라는 잘못된 이름으로 잘 알려진 논리와 매우 상반되는 개념처럼 여겨진다. 이 책은 그보다는 시민의 자유, 또는 사회적 자유에 관한 내용을 담고 있다. 다시 말해, 사회가 한 개인을 상대로 합법적으로 행사할 수 있는 권력의 본질과 그 한계에 관한 것이다. 그 누구도 이 문제를 명확히 제시하거나 상세히 검토한 적은 없었다. 하지만 이런 종류의 문제는 은연중에 시대의 실질적 담론에 심대한 영향을 미치고 있어서, 머지않아 미래의 중대한 문제로 떠오를 가능성이 크다. 이는 갑자기 생겨난 문제가 아니다. 어떤 의미에서는 아득히 먼 옛날부터 인간 사회를 괴롭혀온 문제였다. 하지만 인간 사회가 더욱 문명화되어 진보를 거듭하면서 새로운 환경에 직면하자 이 문제도 이전과는 다르게 더 근본적인 해결이 필요해졌다.

'자유'와 '권력' 사이의 투쟁은 우리가 익히 아는 고대 역사에서 뚜렷하게 나타나는 특징이다. 특히 그리스, 로마, 영국의 역사를 보면 알 수 있다. 그러나 과거에는 이러한 다툼이 백성들, 아니면 그들 중에서도 일부 계급과 정부 사이에서 주로 벌어졌기 때문에 보통 자유라는 개념은 정치 지배자들의 압제에서 보호받는 것을 의미했다. (그리스의 일부 민주 정부를 제외하면) 지배자들은 피지배자들에 대해 적대적인 위치에 있는 것처럼 인식되었다. 지배자는 한 사람이나 한 부족, 또는 하나의 계급으로 구성되었으며, 그들의 권력은 세습이나 정복을 통해 생겨났다. 그러나 어떤 경우에도 피지배자를 위해 권력을 행사하지는 않았다. 또한 권력의 압제적인 행사를 방지할 목적으로 대책을 세울 수 있었더라도 사람들은 그들의 지배에 감히 도전할 엄두를 내지 못했다. 아마도 도전하겠다는 열망조차 없었을 것이다. 그들의 권력은 불가피한 측면이 있는 동시에 대단히 위험할 수 있다는 인식이 자리했다. 왜냐하면 권력이라는 무기는 외적을 무찌르는 데 사용될 수 있지만, 그에 못지않게 백성을 억압하는 데도 쓰일 수 있기 때문이다. 한 나라 안에서 약자들이 강자들에게 뜯기지 않으려면, 가장 힘이 센 최고 강자를 내세워 탐욕스러운 자들을 통제할 필요가 있었다. 그렇긴 하더라도 그 최고 강자 역시 자기보다 약한 다른 강자와 마찬가지로 얼마든지 약자들을 괴롭힐 수 있었으므로 힘없는 자들은 항상 그의 날카로운 부리와 발톱을 경계해야만 했다. 따라서 나랏일을 근심하고 염려하는 이들은 최고 권력자가 행사하는 힘에 제한을 두려고 했다. 이렇게 권력에 제한을 가하는 것이 바로 그들이 생각한 '자유'였다. 권력을 제한하는 방법에는 두 가지가 있다. 첫째, '정치적 자유' 또는 '권리'라고 부르는 일정한 특권을 인정하게 한 뒤, 권력자가 이를 침범하면 의무를 위반한 것으로 간주하여, 특정한 사항을 둘러싼 저항이나 전면적 반란을 정당한 것으로 승인하는 것이다. 두 번째, 좀 더 시간이 흐른 뒤에 사용된 방식인데, 국가가 중요한 결정을 내릴 때 공동체의 동의나 그들의 이익을 대표하는 어떤 집단의 동의를 얻어야 함을 헌법에 규정하는 것이다. 유럽의 최고 권력자들은 대부분 첫 번째 제한 방식은 어느 정도 수용했다. 반면, 두 번째 방식에 대해서는 그렇지 못했다. 따라서 이를 성취하는 것, 또는 그것이 일정 정도 실행되고 있다면 좀 더 완전하게 달성하는 것이 어디에서나 자유를 사랑하는 이들의 으뜸가는 목표가 되었다. 그러나 눈앞의 적을 하나씩 물리치는 데 만족하거나, 더 나아가 권력자의 횡포를 막는 데 적당히 효율적인 장치를 마련하면 그만이라고 생각하는 한, 사람들은 그 이상을 염원하지 않았다.

그러나 사회가 발전하면서 사람들이 자신들의 이익과 지배자의 이익이 서로 대립하는 것을 당연하게 생각하지 않는 시대가 찾아왔다. 이제 그들 눈에 국가의 여러 고위직 관리는 자신들의 이익을 위해 일을 봐주는 일꾼 혹은 대리인으로서 자신들의 뜻에 맞지 않는다면 언제든지 바꿀 수 있는 존재로 보였다. 그렇게 해야만 정부 권력이 결코 그들의 이익에 반하여 함부로 사용되지 못하도록 할 수 있다고 생각했던 것 같다. 그리하여 민주 정당이 존재하는 나라들을 중심으로 점차 일정 임기의 통치자를 선거로 선출하자는 새로운 요구가 일었고, 정당들은 이를 자신들의 주요 활동 목표로 삼게 되었다. 이러한 물결에 힘입어 지배자의 권력을 제한하려는 이전의 시도들은 상당 부분 불필요해졌다. 오히려 주기적인 선거를 통한 권력의 창출이 확립되는 과정에서 그동안 권력 자체를 제한하는 데 지나치게 역점을 두었다고 생각하는 사람들이 생겨나기 시작했다. 물론 권력의 제한은 국민의 이익을 해치면서 함부로 권력을 휘두르는 지배자에 대한 일종의 견제 수단이었을 수 있다(또한 그렇게 보일 여지도 있다). 그러나 이제는 새로운 요구가 생겼다. 지배자와 국민은 하나가 되어야 하며, 지배자의 이익과 의지가 곧 국민의 이익과 의지가 되어야 한다는 것이다. 따라서 국민이 자기 자신의 뜻에 거슬리게 보호받을 필요가 없어졌다. 국민이 자기 자신들에게 폭정을 일삼을까 봐 두려워할 필요도 없어졌다. 지배자는 국민에 대해 완전하게 책임을 져야 하며, 국민은 언제라도 지배자를 쫓아낼 수 있어야 한다. 국민이 권력 사용에 관한 모든 것을 규정할 수 있다면, 국민은 지배자를 믿고 권력을 맡길 수 있을 것이다. 이러한 권력은 단지 편의를 위해 국민 자신의 권력을 지배자들에게 몰아서 위탁한 것일 뿐이었다. 바로 유럽 자유주의의 마지막 세대에 속하는 사람들 사이에서 정서라고 부르는 게 더 나을지도 모르는 이런 사고방식이 보편적으로 나타났는데, 유럽에서도 특히 대륙의 자유주의자들에게서 이러한 경향이 두드러졌다. 그래서 대륙의 정치 사상가 중 대체로 그들이 생각하기에 존재해서는 안 되는 그런 정부가 아닌 이상에야 정부가 할 수 있는 일에 제한을 둬야 한다고 생각하는 사람들은 매우 이례적인 경우로 손에 꼽을 정도였다. 만약 이런 생각(정부 권력에 제한을 둬야 한다는 생각-옮긴이)이 힘을 받을 상황이 한동안 지속되었더라면 영국에서도 그런 생각을 하는 사람이 여전히 절대다수를 차지하고 있었을 것이다.

그러나 사람의 경우와 마찬가지로 정치나 철학 이론도 실패했을 때는 잘 드러나지 않던 결함과 허점이 성공하면 비로소 눈에 잘 띄는 법이다.

민주 정부가 꿈에서나 가능한 것으로 여겨지거나 까마득한 옛날에나 존재한 것으로 책을 통해서만 볼 수 있었던 그런 시대에는 국민들이 자신들을 지배하는 권력을 제한할 필요가 없다고 생각했다. 그런 생각은 매우 명백해서 프랑스 혁명처럼 일시적인 혼란이 일어난 상황에서도 그다지 흔들리지 않았다. 프랑스 혁명에서 최악인 점은 소수의 사람이 들고일어나 왕이나 귀족이 휘두르는 전제정치에 반발하여 폭력을 행사했다는 것이다. 다시 말해, 그 혁명은 민주적 제도를 앞세워 꾸준하게 이루어진 활동이 아니었다. 하지만 시간이 흘러 지구상에서 커다란 영토를 차지한

하나의 민주 정부가 세워지고 국제 사회의 가장 유력한 국가로 떠올랐다(원문에서 구체적으로 거론하지 않지만, 여러 자료가 미국을 가리킨다-옮긴이). 그리고 선거로 선출되어 국민에게 책임을 지는 정부가 하는 모든 일이 사람들의 관찰과 비판의 대상이 되었다. 이제 '자치'라든가 '국민의 국민 자신에 대한 권력 행사'라는 말은 문제의 참모습을 제대로 표현하지 못한다는 생각이 대두되었다. 권력을 행사하는 국민과 권력의 대상인 국민이 늘 일치하지는 않았으며, '자치'라는 것 역시 각자가 자기 자신을 통치하는 게 아니었다. 오히려 실제로는 자기 자신을 제외한 다른 모든 사람의 지배를 받는 것에 가까웠다. 더욱이 국민의 의지라는 것도 사실상 가장 많은 수를 차지하는 국민이나 능동적인 집단, 즉 다수파거나 다수파로 인정받은 사람들의 의지를 뜻했다. 따라서 국민이 그들 중 일부를 억압하고 싶은 욕구가 생길 수도 있기에 다른 권력 남용과 마찬가지로 국민의 권력에도 절대 경계를 늦춰서는 안 된다. 따라서 집권자가 국민, 더 정확히는 국민 중에서도 가장 힘 있는 집단에 언제나 책임을 지는 때조차 개개인에 대한 정부의 권력은 줄어들지 않게 되었다. 이런 관점은 비단 지성이 풍부한 사상가들뿐만 아니라 민주주의가 실제로든 가설로든 이해관계와 상충하는 중요 계급에서도 똑같이 받아들여졌다. 즉, 유럽 사회에서 일반적으로 인정받는 관점이 된 것이다. 이제 정치적으로 활발한 논의에서 '다수의 횡포the tyranny of the majority'는 사회가 늘 경계하지 않으면 안 될 해악으로 인식되었다. 다른 횡포와 마찬가지로 다수파의 횡포도 공권력의 행사를 통해 이루어졌으므로 처음부터 그 해악을 품고 있었고 지금도 변함이 없다. 그런데 이 문제를 깊이 생각해본 사람들은 사회 자체가 횡포를 부릴 때, 즉 사회가 개별 구성원들에게 집단적 횡포를 일삼을 때 그 횡포의 수단은 정치인들의 손을 빌려 할 수 있는 것에 국한되지 않는다는 점을 깨달았다.

사회는 자기 의지가 담긴 명령을 내릴 수 있고, 실제로도 그렇게 한다. 그런데 사회가 올바르지 않은 그릇된 명령을 내리거나 사회가 개입해서는 안 될 일을 위해 권력을 사용한다면, 그 횡포는 다른 온갖 형태의 정치적 억압보다 훨씬 더 끔찍하고 무시무시한 것이 된다. 그러한 횡포는 일반적인 정치적 탄압에서 볼 수 있는 것처럼 극단적인 형벌을 가하지는 않지만, 개개인의 일상생활에 더 깊숙이 파고들어서 그 영혼까지 사로잡음으로써 도저히 벗어날 수 없게 만들기 때문이다. 그러므로 공권력의 횡포를 막는 것만으로는 충분하지 않다. 이와 더불어 사회의 일반적인 견해나 감정을 억압하는 행위도 막아야 한다. 이뿐만이 아니다. 다른 생각을 하는 사람들에게 법률적 처벌 외의 수단으로 사회의 이념과 관행을 행동 규범으로 받아들이도록 강요하지 못하게 해야 한다. 사회의 관습에 부합하지 않는 그 어떤 개별성individuality이 발전하는 것을 막는 것은 물론, 되도록 그것이 형성되는 것조차 차단하여 모든 사람의 성격이나 개성은 사회가 정한 방식에 맞추도록 강요하는 것 역시 막아야 한다. 집단의 의사가 개인의 독립성에 합법적으로 간섭하는 데 한계가 존재한다. 그 한계를 규정해서 침해가 발생하지 않도록 하는 것은 정치적 억압을 방지하는 것만큼이나 인간다운 삶을 유지하는 데 필수적이다.

원론적으로는 이 명제에 이의를 제기하기는 쉽지 않아 보인다. 그러나 실제로 그 한계를 어디까지로 봐야 할지, 즉 개인의 독립성과 사회적 통제 사이에서 적절한 조정이 가능한 방법에는 무엇이 있는지 그 사안을 가만히 들여다보면 여전히 해결해야 할 문제가 수두룩하다. 누구든 가치 있는 존재로 만들어주려면 다른 사람의 행위에 일정 정도 제약을 가하지 않으면 안 된다. 그러므로 일부 행동 규범은 법에 따라 정해져야 하며, 법률로 강제하기 부적절한 사항들은 사람들의 생각에 따라야 한다. 어떤 것을 이러한 규범으로 삼아야 할 것인가는 인간의 삶에서 아주 중요한 문제다. 하지만 아주 명백한 몇 가지 사례를 제외하면, 이 문제는 이렇다 할 진척을 보이지 못했다. 게다가 시대에 따라, 또한 서로 다른 두 나라가 같은 결정을 내린 적은 없었다. 한 시대나 사회가 내린 결정은 다른 시대나 사회에서는 놀라움 그 자체일 수도 있다. 그런데도 특정 시대나 특정 국가의 사람들은 이 문제를 놓고 모든 사람이 늘 똑같은 생각을 해왔다는 듯 자신들이 내린 결정을 의심하지 않는다. 그들 사이에서 확립된 규범들은 그들에게 너무나 자명하고 정당한 것으로 보인다. 거의 모든 사람이 아무렇지 않게 빠져드는 이러한 착각은 관습이 낳은 비정상적인 영향력 중 하나라고 할 수 있다. 바로 이 관습이라는 것은 속담에서도 말하고 있듯, 제2의 본성인데도 이미 날 때부터 타고 난 제1의 본성인 듯 계속 잘못된 생각을 하는 것이다. 관습은 사람들이 서로에게 부과하는 행위 규칙에 대해 품을 수 있는 의혹을 막아주는 데 효과가 있다. 또한 다른 사람에게나 자기 자신에게 따로 설명할 필요가 없다는 일반적 인식 때문에 이러한 성질이 더욱더 강화되었다. 사람들은 이를 오래전부터 이성의 문제가 아닌 감정의 문제로 바라보았고, 나아가 이성이 불필요하다고 믿게 되었다. 그리고 철학자로 대접받고 싶어 하는 사람들이 그러한 믿음에 더욱 부채질했다. 인간 행동을 규율하는 실제 원리는 자기 자신과 자기 자신처럼 생각하는 사람들의 행동 방식대로 모든 사람이 행동하기를 바라는 감정이다. 사실, 그 누구도 개인적 판단 기준이 자기 자신의 선호나 기호에 바탕을 두고 있다는 사실을 인정하지는 않는다. 하지만 어떤 행위와 관련된 생각이 이성적 근거에 바탕을 두고 있지 않다면, 그것은 한 개인의 선호에 불과할 뿐이다. 또한 이성에 바탕을 둔 근거가 뒷받침되어 있다고 하더라도, 단지 다른 사람들과 비슷하게 선호하는 행동을 이성의 밑받침으로 제시하는 것이라면, 한 사람 대신 여러 사람이 선호하는 것을 헤아려 행동한 것에 불과하다. 그러나 평범한 보통 사람의 경우, 다른 사람들의 일반적인 선호는 그 사람의 도덕과 취향, 또는 예의에 관한 모든 관점을 확립하는 데 더할 나위 없이 만족스러울 뿐만 아니라 유일한 근거가 된다. 이에 대해서는 그 사람이 믿는 종교의 가르침에서도 명백하게 제시되어 있지 않다. 그렇다 보니 자신의 종교적 신념을 해석하는 가장 중요한 기준이 되기도 한다. 따라서 어떤 것이 칭찬받을 만하고 또 어떤 것이 비난받을 일인지에 관한 사람들의 의견은 여러 원인에 의해 결정되는데, 바로 이러한 요인들이 타인의 행동과 관련해 그들의 바람에 영향을 미치게 되는 것이다. 이를테면 이성이나 선입견 혹은 미신인 경우도 있고, 때로는 사회적 호감이나 반감 또는 부러움과 질투 혹은 오만함이나 경멸 같은 감정들도 있다. 그러나 대부분은 욕망이나 자기 안위에 대한 염려 ― 정당한 혹은 정당하지 않더라도 자기 자신에게 이익이 되는 것 ― 가 가장 큰 요인으로 작용하게 된다. 어떤 한 나라에서 새롭게 떠오르는 계급이 존재하는 경우, 그 사회의 도덕률은 그 계급의 이익과 계급적 우월감에서 비롯한다. 스파르타의 시민과 그들의 노예, 농장주와 흑인 노예, 왕자와 신하, 귀족과 평민, 남자와 여자 사이의 도덕률은 대체로 이런 새로 부상한 계급의 이익과 감정에 좌우되었다. 이렇게 생겨난 정서들은 신흥 계급끼리 도덕 감정에 차례차례 영향을 준다. 반면 종전에 기세등등했던 계급이 세력을 잃거나 사람들로부터 지지받지 못하게 되면 지금까지 일반적이었던 도덕 감정은 기존의 우월적 지위에 있던 세력에 반감이 생기면서 잦은 문제 제기가 발생한다. 법률이나 여론에 의해 강요되는 행동 규칙을 결정하는 또 다른 대원칙이 된 것은 세속의 권력자 또는 신이 좋아하거나 싫어하리라 생각되는 바를 몰비판적으로 추종하려고 하는 인간의 노예근성 같은 것이었다. 이러한 노예근성은 근본적으로 이기적이긴 해도 위선적인 건 아니다. 그렇지만 그것은 극단적인 증오심을 낳는다. 그 결과 마술사나 이단자를 불태워 죽이는 일까지 벌어졌다. 그 사회의 도덕 감정에 영향을 미치는 여러 하찮은 요인 중 그 사회의 일반적인 이해관계는 당연히 큰 몫을 차지하고 있다. 그러나 그러한 이해관계에서 비롯한 공감과 반감이 이성의 문제나 이해관계 그 자체보다 더 큰 영향을 준다고 할 수 있다. 또한 한 사회의 이해관계와 별 상관이 없거나, 혹은 전혀 관계가 없는 공감과 반감 역시 그 사회의 도덕률을 확립하는 데 크나큰 역할을 한다.

이처럼 한 사회 또는 그 사회에서 힘 있는 세력이 좋아하거나 싫어하는 것은 법을 어길 시 따라오는 처벌과 여론의 뭇매가 두려워 모든 사람이 지킬 수밖에 없는 규칙을 결정해온 기질적 원천이 된다. 그리고 일반적으로 사상과 감정 측면에서 한 사회를 선도해온 사람들은 비록 세밀한 부분에서 갈등을 빚더라도 원칙상 큰 틀은 건드리지 않았다. 그들은 사회가 선호하거나 싫어하는 것들이 개개인을 규율하는 법이 되어야 하는지를 놓고 답을 구하려 하기보다는, 그 사회가 어떤 것을 선호하고 싫어해야 하는지에 더 많은 의문을 가졌다. 그들은 일반적으로 이단으로 내몰린 사람들과 함께 자유를 보호하려는 공동 명분을 위해 협력하지 않았다. 도리어 특정 영역에서 자신들이 드러내는 이단적인 견해를 둘러싸고 사람들이 느끼는 감정을 바꾸는 데 온 힘을 쏟았다. 어디에나 존재하는 개별적 예외를 제외하고, 모든 사람이 원칙적으로 더 우위에 있다고 받아들여 일관되게 유지해온 단 하나의 경우는 종교적 신념이다. 그리고 이것은 이른바 도덕 감정 이라는 것이 얼마나 그릇될 수 있는지를 두드러지게 보여주는 사례라는 점에서 여러 가지로 시사하는 바가 크다. 가령, 종교적으로 신실한 사람들 사이에서는 신학적 증오odium theologicum도 도덕 감정이 된다. 자칭 보편 교회Universal Church의 속박에서 벗어난 사람들 역시 처음에는 교회 못지않게 종교적 차이를 인정하지 않았다. 그러나 어느 한쪽도 완전한 승리를 거두지 못한 채 치열한 갈등이 끝나고 각 교회나 종파가 이미 확보한 지분을 유지해야 하는 상황에 직면하자 소수파는 자신들이 다수파가 될 가망이 없음을 알아차렸다. 그렇다고 다수파로 개종할 수는 없었기에 그들은 상대방 진영에 종교적 관용을 호소할 수밖에 없었다. 그런 까닭에 거의 전적으로 이 싸움을 통해 사회가 개인의 권리를 침해해서는 안 된다는 원칙이 폭넓은 토대를 기초로 확고해졌으며, 사회가 생각이 다른 개인에게 권위를 행사하는 것은 공공연하게 반론에 부딪혔다. 사람들이 종교의 자유를 누릴 수 있도록 힘써온 위대한 저술가들은 특히 양심의 자유는 절대 빼앗길 수 없는 자유임을 확고히 했다. 그리고 모든 개개인은 분명히 자신의 종교적 믿음을 추구할 수 있다. 하지만 인간은 천성적으로 자신이 소중하게 여기는 것에는 선뜻 관용을 베풀지 못하는지라 그러한 종교의 자유가 실현된 곳은 거의 없었다. 예외가 존재하긴 했으나 그것은 어디까지나 신학적 논쟁으로 평온한 사회가 시끄러워지는 걸 원치 않았기 때문에 종교적으로 무관심한 일부 지역에서만 종교의 자유가 허용되었을 뿐이었다. 심지어 종교적으로 너른 아량을 보여주는 나라에서조차 종교를 믿는 거의 모든 사람이 암묵적으로 예외를 인정하면서 관용의 의무를 받아들였다. 교회 운영 및 관리와 관련해 이견을 허용할 수는 있어도 교리 자체에 대해서는 관용을 베풀지 않는 사람이 있는가 하면, 누구에게든 관용을 베풀 수 있지만 교황 절대주의자Papist(가톨릭 교도-옮긴이)나 유일신교 신자Unitarian(삼위일체를 부정하며 일신론을 주장하는 기독교의 한 분파-옮긴이)에 대해서는 용납할 수 없다고 생각하는 사람도 있었다. 또 어떤 사람은 계시종교를 믿는 사람들에게만 관용이 허용될 수 있다고 생각했다. 더 폭넓은 자비를 베풀다가 신이나 천국의 존재를 믿지 않으면 그들을 따돌리는 사람들도 있었다. 다수가 믿는 종교에 대한 감정이 한층 진지하고 강렬한 곳에서는 한결같이 그들의 믿음을 따라야 한다는 요구가 수그러들지 않았다.

영국에서는 고유한 정치사의 영향으로 여론의 구속력은 크지 않더라도 유럽의 다른 나라들 대부분에 비하면 법적 제약은 오히려 적은 편이다. 그리고 의회나 행정부가 개인의 사적인 행동에 직접적으로 간섭하는 것을 상당히 경계한다. 하지만 이는 개인의 독립성을 지켜내고자 하는 관심과 배려에서 생겨난 것이라기보다는 정부가 일반 대중의 이익과 반대되는 세력을 대변한다고 보는 상식이 대중 사이에서 널리 통하고 있었기 때문이다. 아직은 대중 대다수가 정부의 권력이 자신들의 권력을 대변하며, 정부의 생각 역시 자신들의 생각과 일치한다고 느끼지 못하고 있었다. 만일 사람들이 정부의 권력과 생각이 자신들을 대변하고 있다고 느낀다면, 개인의 자유는 이미 여론을 통해 침해받는 것도 모자라 정부에 의해서도 자유가 침해받을 것이다. 그러나 아직 법률로 규제하지 않은 개인의 사생활 영역에 정부가 개입하려고 시도하면, 언제든 그것에 반기를 들 태세였다. 이러한 반감은 법적 테두리 안에 있느냐 없느냐와는 그다지 상관이 없다. 사람들은 그저 침해당하는 것이 싫을 뿐이다. 사람들이 느끼는 이러한 감정은 전체적으로 보면 바람직하지만, 개별 사안에 따라 타당할 수도 있고, 그에 못지않게 잘못될 가능성도 있다. 사실 정부의 간섭이 정당한가 부당한가를 놓고 통상적으로 판단할 수 있는 공인된 원리란 없다. 사람들은 그저 각자 자신의 취향에 따라 판단할 뿐이다. 어떤 사람들은 자기 눈에 바람직해 보이는 일이나 바로잡아야 할 폐해가 보이는 것 같으면 정부가 나서서 그 일을 해야 한다고 촉구한다. 반면 어떤 사람들은 정부의 통제를 받아야 하는 일을 더 보태느니 어느 정도 사회적 해악을 견디는 편이 낫다고 생각한다. 특정 사안에 따라 사람들은 각자 어느 한쪽 편에 선다. 사람마다 감정이 다르고, 정부가 개입해야 한다고 보는 일에서도 서로의 이해관계에 따라 다르다. 또한 정부가 개입하더라도 각자가 선호하는 방식으로 일을 처리할 것이라고 믿는 사항에 따라 달라진다. 그렇지만 정부가 간섭해야 할 영역이 무엇인지에 대해 일관적으로 소신을 드러낸 경우는 거의 없다. 이렇게 기준이나 원칙이 없다 보니 어느 쪽을 택하든 잘못되는 경우가 많고, 정부의 개입 역시 옳을 때도 있고 틀릴 때도 있게 되는 것이다.

이 글을 쓴 목적은 복잡하지 않고 이해하기 쉬운 단 하나의 원칙을 주장하기 위해서다. 이는 사회가 법에 따른 물리적 제제를 사용하든 여론을 무기화하여 도덕적으로 억누르든 개인을 통제할 수 있는 영역을 엄격하게 규정하고자 하는 것이다. 그 원리는 매우 단순하다. 인류가 개인이든 집단이든 다른 사람의 자유로운 행동을 정당하게 간섭할 수 있는 유일한 근거는 '자기 보호self-protection'가 필요한 경우일 뿐이라는 것이다. 타인에게 가해지는 해악harm을 방지하기 위해서라면 문명사회에서 당사자의 의사에 반하여 정당하게 권력이 행사될 수 있다. 자기 자신만의 이익을 위해 타인의 자유를 침해하는 것은 안 된다. 물질적 이득이든 도덕적으로 좋은 일이든 상관없다. 당사자에게 더 유리하다거나 더 행복하게 만든다고 해서, 혹은 그렇게 하는 것이 남들 보기에 현명하거나 심지어 옳은 일이라는 이유를 들어 타인의 의사와 상관없이 어떤 행동을 시키거나 하지 못하게 강제하는 건 정당화될 수 없다. 이런 경우라면 당사자에게 충고하거나 이치를 따져 설득하거나, 그것도 아니면 간절히 부탁하면 될 일이지 뜻대로 움직이지 않는다고 해서 강제하거나 위협을 가할 이유가 되지는 못한다. 그런 강제력이 정당화되기 위해서는, 개인의 행위가 타인에게 해를 끼치게 될 것이라는 명백한 근거가 존재해야 한다. 사회가 간섭할 수 있는 유일한 개인의 행위는 타인에게 영향을 줄 때뿐이다. 이에 반해 당사자 자신에게만 영향을 미치는 경우, 개인은 당연히 간섭받지 않고 스스로 일을 처리할 수 있다. 자기 자신, 즉 자신의 몸과 마음에 대해서는 각자에게 그 주권이 있는 것이다.

이 원리가 정신적으로 성숙한 사람에게만 적용될 수 있다는 사실은 두말할 나위가 없을 것이다. 지금 우리는 어린아이나 법정 미성년자를 대상으로 말하고 있는 게 아니다. 아직 다른 사람의 손길이 필요한 이들은 외부의 위험과 재해 못지않게 그들 자신의 행동에 대해서도 보호받아야 한다. 같은 이유에서, 인종이나 민족 그 자체가 미성년 단계에 있다고 봐도 무방한 낙후된 미개 사회의 사람들에게도 이 원리는 적용될 수 없을 것이다. 역사 초기에는 자연스러운 발전을 가로막는 장애가 엄청나게 크기 때문에 그것을 극복할 방법을 찾아내기란 거의 불가능에 가깝다. 따라서 국가 발전을 꾀하려는 의욕이 충만한 지도자가 달리 방도를 찾을 수 없는 상황에서 편법을 사용하지 않고는 도저히 목적을 달성할 수 없는 경우에는 그 어떤 편법을 쓰더라도 정당화될 수 있을 것이다. 미개한 사람들을 다스릴 때 독재가 정당한 통치 수단이 되기도 한다. 그 목적이 미개한 사람들을 개화하는 데 있으며, 그 목적을 효과적으로 성취하여 그 수단이 정당화될 수 있다면 말이다. 자유는 원칙적으로 인류가 자유로우며 평등한 토론을 통해 진보를 이룩할 수 있게 된 시기에나 가능한 일이다. 그 상태에 이르지 못한 시기에는 적용될 수 없다. 그러한 시대가 올 때까지는, 아크바르Akbar(1542-1605, 인도 무굴제국의 제3대 황제로, 무슬림과 힌두교도 간의 화합을 도모한 여러 정책을 실시했다-옮긴이)나 샤를마뉴Charlemagne(742-814, 카롤링거 왕조의 제2대 프랑크 국왕으로, 게르만 민족을 프랑크 왕국과 기독교를 중심으로 통합하여 800년에 교황 레오 3세에 의해 서로마 황제에 올랐다-옮긴이) 같은 지도자들에게 묵묵히 복종하는 것 말고는 달리 방법이 없다. 그나마도 운이 좋아서 그런 지배자를 만날 수 있을 때 이야기다. 그러나 사람들이 확신이나 설득을 통해 자기 자신의 진보를 꾀할 능력을 갖추게 되면(우리가 여기에서 관심을 기울이고 있는 모든 나라의 국민은 이미 오래전에 이와 같은 상태에 도달해 있다), 직접적 형태의 강제 혹은 복종하지 않을 때 고통을 주거나 처벌을 가하는 수단 등 모든 강제가 더는 그들 자신에게 이익을 주는 수단이 되지 못하며, 오직 다른 사람의 안전을 보장하기 위해서만 허용되는 것이다.

효용utility과는 무관한 추상적인 권리로 보는 생각이 나의 주장에 보탬이 될 수도 있겠지만, 나는 여기에서는 언급하지 않았다는 점을 말해두고자 한다. 그 이유는 효용이 모든 윤리 문제의 궁극적인 판단 기준이 된다고 여겨서다. 그러나 이러한 효용은 진보하는 존재인 인간의 항구적 이익에 근거한 가장 넓은 의미의 효용이어야 한다. 그 항구적 이익을 위하여, 나는 개인의 행위가 타인의 이익에 영향을 줄 경우에만 개인의 자율성이 외부의 힘에 제한되는 것을 인정할 수 있다고 주장한다. 누군가가 타인에게 해가 되는 행동을 한다면 그 사람은 당연히 법에 따라 처벌받아야 한다. 행여 적법한 처벌이 없다면 모든 사람의 비난을 사야 마땅하다. 다른 사람의 이익을 위해 우리가 할 수밖에 없는 긍정적인 행위 또한 많다. 이를테면 법정 증언을 한다든지 자신이 속한 사회의 이익을 위해 국방의 의무를 지거나 공동 작업에 참여할 수 있다. 이웃의 생명을 구해주거나 약자를 학대하지 못하게 개입하는 등 얼마든지 개인적 선행을 베풀 수 있는 것이다. 이러한 행동들은 한 개인이 마땅히 수행해야 할 의무다. 이와 같은 의무를 저버릴 때 사회가 책임을 묻는 건 당연하다. 어떤 행동을 해서 다른 사람에게 해를 끼칠 수도 있지만, 또 때로는 아무것도 하지 않음으로써 남에게 피해를 줄 수도 있기 때문이다. 어느 쪽이든 그 피해에 책임이 있다. 그러나 후자의 경우, 더욱 신중하게 책임을 물어야 한다. 누구든 다른 사람에게 해를 끼친 경우 책임을 지도록 하는 것이 원칙이다. 피해를 미리 막지 못한 일로 책임을 따지는 건 상대적으로 예외적 상황에 해당한다. 하지만 그러한 예외적인 상황을 정당화해줄 매우 분명하고도 중대한 사례는 널렸다. 매사에 개개인이 대외적으로 관계를 맺을 때 그 사람은 이해관계가 있는 사람들에게, 그리고 필요하다면 그들의 보호자인 사회에 책임을 져야 한다. 가끔은 개인에게 책임을 묻지 않는 것이 더 좋은 때가 있다. 그렇더라도 특수한 상황에서 발생한 일이어야 한다. 즉, 사회가 개입하는 것보다 개개인이 스스로 알아서 행동하도록 맡겨둘 때 더 좋은 행동을 할 가능성이 크거나, 아니면 사회가 개입하면 더 큰 해악이 발생할 가능성이 있을 때다. 이런 이유를 들어 책임을 묻지 않을 때는 행위 당사자의 양심이 공백이 생긴 법을 대신하여 법적 보호를 받지 못하는 타인의 이익을 지키는 데 힘써야 한다. 그리고 이런 경우일수록 동료나 이웃에 대해 스스로 내린 판단에 책임을 지지 않아도 되는 만큼 자기 자신에게 더욱더 엄격한 기준을 세워야 한다.

그러나 개인과는 차이가 있는 사회가 오로지 간접적인 이해관계에 놓인 행동 영역이 있다. 자기 자신에게만 영향을 미치는 개인의 모든 삶과 행위가 이에 해당한다. 이러한 행동이 타인에게까지 영향을 줄 수 있을 때는 그들의 자유롭고 자발적이며 거짓 없는 동의와 참여가 있는 경우에만 해당한다. '자기 자신에게만'이라고 언급한 것은, 즉 자기 자신에게만 영향을 미치는 개인의 행위가 직접적으로 가장 먼저 발생한다는 것을 염두에 두고 한 말이다. 왜냐하면 자신에게 영향을 주는 행위는 본인을 통해 다른 이들에게도 영향을 미칠 수 있어서다. 이렇게 우연히 발생한 상황을 둘러싼 반론에 대해서는 따로 살펴볼 것이다.

지금까지 말한 내용이 인간 자유의 고유한 영역이 된다. 이는 세 가지로 나눠 생각해볼 수 있다. 첫째, 의식의 내면적 영역이다. 이것은 가장 넓은 의미에서 양심의 자유, 생각과 감정의 자유, 또한 실제적이고 사색적인 것, 과학, 도덕, 신학 등 모든 주제와 관련해 우리가 자기 자신의 의견과 감정을 표현할 수 있는 자유를 이야기한다. 의견을 표출하고 출판할 수 있는 자유는 타인과 관련이 있으므로 다른 원칙에 의해 영향을 받을 수도 있다. 하지만 이것은 생각의 자유 못지않게 중요하고, 또한 같은 이유에서 생각의 자유와 떼려야 뗄 수 없다. 둘째, 자신의 기호를 즐기고 목적을 추구할 자유다. 우리는 각자 개성에 어울리는 삶을 설계하고, 자신이 하고 싶은 일들을 할 수 있어야 한다. 다른 사람에게 피해를 주지 않는 한, 설사 우리 행동이 어리석거나 편협하거나 잘못된 것으로 보이더라도 그들의 간섭을 받아서는 안 된다. 셋째, 각 개인이 자유롭게 할 수 있는 일들은 다른 사람들과도 공동으로 할 수 있어야 한다. 그것이 바로 결사의 자유다. 즉, 타인에게 해를 끼치지 않는 한 강제로 속아서 억지로 한 행동이 아니라면 모든 성인은 공동의 목적을 위해 자유롭게 결정할 수 있다.

이 세 가지 자유의 영역이 존중받지 못하는 사회는 정부 형태와 상관없이 자유로운 사회가 아니다. 이러한 자유를 전적으로 완벽하게 누릴 수 있어야 자유로운 사회라고 할 수 있다. 유일하게 '자유'라는 이름으로 불릴 수 있는 자유는 다른 사람의 자유를 빼앗거나, 또는 그들의 자유를 쟁취하기 위한 노력을 방해하지 않는 한 각자 나름의 방식으로 이익을 추구할 수 있는 자유다. 우리 자신만이 자기 자신의 건강을 지킬 수 있는 최고의 적임자다. 육체적 건강이든 정신적 혹은 영적 건강이든 상관없다. 각자 자신에게 알맞은 방식으로 살게 놔둔다면 서로 부대끼더라도 각 개인을 타인의 눈높이에 맞춰 억지로 살아가게 하는 것보다 인류에게 더 많은 이익이 된다.

　이러한 주장은 결코 새로운 것도 아닐뿐더러 심지어 어떤 사람들에게는 그저 뻔한 소리처럼 들릴 수 있다. 하지만 현 사회를 관통하는 일반적인 의견이나 관행에 이보다 더 정반대인 견해를 밝히고 있는 주장도 없을 것이다.

　우리 사회는 사람들에게 사회가 세운 탁월함이라는 기준인 개인의 탁월함에 대한 기준에 순응하라고 강제하고 있다. 우리는 사회에서 칭송하는 미덕을 개인의 미덕으로 알고 순응하며 살도록 강요받고 있다. 우리 사회는 사람들이 나름의 사회 분위기를 반영한 기준에 맞춰 살도록 하게 하려고 지금껏 엄청난 노력을 쏟아부었다. 고대 국가들은 철학자들의 지지를 등에 업고 공권력을 동원해 시민들의 삶을 샅샅이 통제했다. 국가가 모든 시민의 육체적, 정신적 삶 전반에 깊은 관심이 있어서였다. 강력한 외적에 둘러싸인 약소국가에서 이런 사고방식이 받아들여졌다. 외국의 공격이나 내부의 동요에 의해 나라가 무너질 위험이 있었고, 잠시라도 긴장을 풀거나 통제가 느슨해지면 치명적인 결과를 불러올 수 있는 상황이었기에, 영구적 자유가 가져다줄 바람직한 효과를 기다릴 여유가 없었을 것이다. 현대 사회에서는 정치 공동체의 규모가 커진 것을 물론, 무엇보다도 종교적 권리와 세속적 권리가 분리되면서(일상의 삶을 다스리는 권력보다 인간의 양심에 더 무게를 두고서) 법이 개인의 사정 영역에 지나치게 간섭하지 못하도록 했다. 그러나 우리 사회는 도덕적 억압을 목적으로 더 강력한 수단과 방법을 사용했다. 사회적인 문제보다 오히려 개인 각자의 고유한 문제에 대한 억압이 더 심해졌다. 바로 종교는 도덕 감정을 형성하는 데 가장 중요한 요소로 인간의 행동거지가 어긋나지 않도록 하나부터 열까지 모두 통제하려는 고위 성직자 계급의 지배 야망과 청교도 정신에 의해 좌우되었다. 그런데 과거 종교가 보여준 이와 같은 작태에 강경하게 반대하고 나선 이들이 있었으니, 근대 개혁가 중 일부는 오히려 기성 종교나 그 어떤 종파보다도 영혼의 자유를 더 억압할 수밖에 없다는 논리를 폈다. 콩트August Comte(1898-1857, 프랑스의 철학자이자 사회학자이다. 실증주의 창시자로서 '사회학'이라는 용어를 만들어낸 인물로 알려져 있다-옮긴이)는 그런 주장을 펼친 대표적 인물이다.《실증적 정치체제Système de Politique Positive》에서 그는 개인에 대한 사회의 독재를 주장했다. 법적 수단을 동원하는 대신 도덕의 힘을 빌린 것이기는 해도, 그가 내세운 독재주의는 규율을 가장 중시하는 고대 철학자들의 정치 이론보다 더 엄격하다.

이런 특이한 성향의 사상가들은 고사하고 오늘날 세계 곳곳에는 여론을 빌려, 심지어 법의 힘으로 개인에 대한 사회의 권력을 확장하려는 경향이 있다. 더욱이 세상의 변화가 사회의 힘을 강화하고 개인의 힘은 약화시키는 쪽으로 움직이면서 이러한 침해는 저절로 사라지기는커녕 점점 더 두려워할 만한 위력을 떨치게 될 것이다. 사람들은 기질상 권력자의 위치에 있든, 혹은 동료나 이웃으로 살아가든 자기 의견이나 편향성을 하나의 행동 규칙으로 다른 사람에게 강요하려는 성향이 있다. 이렇듯 사람들이 타고난 성향은 인간 본성에 자리매김한 일부 최선의 감정 및 최악의 감정에 의해 더욱 강력해졌다. 그렇기에 스스로 사그라지지 않는 한 그 힘은 무엇으로도 막을 도리가 없다. 불행하게도, 그 힘은 쇠퇴하지 않고 오히려 더 커지고 있다. 따라서 그 폐해를 예방하기 위한 강한 도덕적 신념을 구축하지 않는다면 오늘날의 세태에서 이러한 사태는 점점 더 걷잡을 수 없는 지경에 이를 것이다.

　여기서 곧바로 자유에 관한 일반론을 펼치는 것은 조금 앞선 감이 있다. 비록 전적인 공감까지는 아니더라도 어느 정도는 많은 사람이 받아들이고 있는 하나의 부문에 집중하여 고찰하는 편이 이 책에서 논의하고자 하는 자유의 원리를 전개하는 데 더 효과적이지 않을까? 그것은 바로 사상의 자유다. 이 사상의 자유와 관련이 깊은 말할 수 있는 자유와 글을 쓰는 자유를 분리하는 것은 불가능하다. 이러한 자유는 종교적 관용과 자유로운 제도를 천명하는 모든 나라에서 크게 보장되고 있다. 하지만 그러한 자유의 철학적, 실천적 근거는 우리의 기대와는 달리 모든 사람에게 익숙하지 않다. 심지어 여론을 주도하는 지도층들조차 완전히 이해하지 못한다. 이러한 원리는 우리가 올바르게 이해할 수만 있다면, 자유라는 주제의 한 부문에 그치지 않고 훨씬 더 넓게 적용될 수 있다. 따라서 이와 관련된 문제들을 충분하게 살펴보고 나면 이 책의 나머지 부분을 좀 더 쉽게 파악할 수 있

을 것이다. 지금부터 내가 언급하려는 내용을 이미 통찰한 이가
있다면 지난 300년간 줄곧 논의되어온 이 주제에 대해 한 가지
토론을 더 보태는 데 양해를 구한다.

2장

사상과 토론의
자유

'출판의 자유'가 정부의 부패와 전횡을 막는 중요한 안전장치로 여겨지는 시대는 지나갔다. 이제는 국민의 이해관계를 대변하지 않는 입법자나 행정가가 국민에게 어떠한 의견을 강요하고 특정 교리나 주장을 듣도록 허용할 것인지 결정할 수 없는 시대다. 게다가 이 문제와 관련해서는 과거에 이미 많은 집필자가 활발히 주장을 펼쳤으므로 내가 이 책에서 더 말할 것이 없다. 비록 오늘날에도 영국의 출판 관련 법률이 튜더 왕조 시대 못지않게 억압적이긴 해도, 반란이나 폭동을 우려해 고위 관리들과 법관들이 한동안 판단력을 잃고 일시적으로 혼란에 빠졌던 시기를 제외하고는 정치적 논란을 막기 위해 실제로 이 법이 적용될 위험성은 거의 없다. 대개 입헌주의 국가에서는 그 나라의 정부가 국민에 대해 전적으로 책임을 지든 그렇지 않든 간에, 국민의 자유를 억압하겠다고 작정하지 않는 이상은 간혹 사람들의 의사 표현을 통제하려 한다고 해서 두려워할 필요는 없다. 따라서 정부와 국민이 완전히 하나이고, 국민의 의견으로 생각되지 않는다면 정부가 그들의 자유를 제한하거나 속박하지 않는 편이다. 나는 사람들을 통해서든 정부를 통해서든 타인에게 무언가를 강제할 권리는 없다고 생각한다. 강제력에는 정당성이 없기 때문이다. 그러므로 최상의 정부도 최악의 정부와 마찬가지로 그와 같은 강제를 행사할 자격이 없다. 여론의 힘을 빌려 그러한 자유를 억압한다고 해도, 여론과 반대로 자유를 구속한 것만큼이나 나쁘다. 아니, 그보다 더 해롭다. 단 한 사람을 제외한 모든 인류가 같은 생각을 한다고 해서 그 사람에게 침묵을 강요하는 행위가 정당화될 수 없는 것과 마찬가지로 어떤 한 사람이 권력을 장악하고서 자기와 생각이 다른 나머지 모든 사람에게 침묵을 강요하는 것 역시 정당화될 수 없는 것이다. 나를 제외한 모두에게 가치 없는 의견이라 이를 억압하는 것이 단순히 사적 침해에 그친다고 해도 그러한 억압이 소수 의견에 대한 것이냐, 아니면 다수 의견에 대한 것이냐에 따라서도 차이가 있을 수 있다. 그러나 어떤 생각을 드러낼 수 없게 침묵을 강요한다면 전 인류의 권리를 강탈하는 심각한 문제에 직면할 수 있다. 이는 현세대뿐만 아니라 미래 세대, 그 의견에 찬성하는 사람들은 물론이거니와 반대하는 이들도 맞닥뜨릴 수 있는 문제다. 만일 억압된 의견이 옳은 것이라면, 사람들은 오류를 진리와 바꿀 기회를 빼앗긴 셈이 아닌가? 설사 그 의견이 잘못된 것이더라도 그런 행위는 오류를 개선하고 진리와 비교함으로써 더 명확하고 선명한 진리의 길을 밝힐 기회를 상실하게 되는 것이다.

이 두 가지 가설에는 저마다 나름의 논리가 존재하므로 하나씩 따져볼 필요가 있다. 우리가 억누르려고 하는 의견이 반드시 잘못된 것이라는 보장은 없다. 또한 그 의견이 틀렸다고 확신하더라도 이를 억압하는 것은 여전히 정당화될 수 없다.

첫째, 권력을 동원해 억압하려고 하는 의견이 사실은 참일 수도 있다. 물론 그 의견을 뭉개버리려는 사람들은 그 사실을 부정할 테지만, 그들의 생각과 판단이 항상 옳다고 확신할 수는 없다. 그런데도 다른 사람들이 그 문제를 판단할 기회까지 박탈해가면서, 모든 사람을 대신해 결정을 내릴 권한이 그들에게 주어진 것은 아니다. 만약 특정 의견이 잘못되었다고 확신해 다른 이들의 의견을 들어볼 기회조차 막아버린다면 그것은 자신들의 생각이 옳다고 맹신하는 것과 다를 게 없다. 토론 자체를 막는 행위는 자신들이 절대로 틀릴 수 없다는 것, 즉 절대 확실성 혹은 무오류infallibility를 전제하는 것이다. 비난의 이유는 이러한 일반적인 주장에 근거할 수 있는데, 일반적이기에 훨씬 더 가치가 있다.

인간의 분별력과 양식良識이라는 측면에서 볼 때 불행한 일이지만, 사람들은 자신이 오류를 범하기 쉽다는 사실을 이론상으로는 받아들이면서도 실제로는 자신만큼은 그 오류에서 멀찌감치 빗겨나 있다고 믿는다. 따라서 그런 점에 주의할 필요성을 거의 느끼지 못하거나, 자신이 굳게 믿는 의견이 하나의 오류일 수 있다는 가정을 인정하지 않는 것이다. 절대 권력자, 다른 사람들의 맹목적 복종에 익숙한 이들은 거의 모든 문제에서 대체로 자신들의 생각이 완전히 옳다고 확신하기 쉽다. 물론 반대 의견에 귀 기울여 자신의 틀린 점을 바로잡으려는 사람도 일부 존재한다. 그러나 그들조차 자기 주변이나 추종자들의 의견과 자신의 의견이 일치한다는 사실을 접하면 무비판적인 태도를 고집한다. 독자적인 판단이 어려운 사람일수록, 보통 자신이 속한 '세계'가 완벽하게 옳고 오류가 없다는 암묵적인 믿음을 붙들고 더욱 의지하게 마련이다. 개개인에게 '세계'란 각자가 직접 경험하는 부분, 즉 정당, 집단, 교회, 계급 등이 모여 이루어진 곳이다. 이와 달리 '세계'에 대한 개념을 국가나 시대처럼 더욱 광범하게 이해하는 사람이라면 자유주의자이거나, 관대하고 도량이 없다고 할 수 있을 것이다. 그러나 자기가 속한 '세계'의 집단적 권위를 지나치게 신뢰한 나머지 다른 시대나 국가, 다른 집단, 다른 교회, 그리고 다른 정당 등이 자신의 '세계'와 정반대로 생각해 왔고, 지금도 변함없다는 사실을 알게 되더라도 전혀 영향받지 않는다. 이들은 자신과 다른 세계의 사람들을 올바르게 이끌 사명이 자기가 속한 '세계'의 사람들에게 맡겨져 있다고 생각한다. 그러고는 내가 신뢰하는 세상이 우연히 결정되었다는 사실에는 신경을 쓰지 않는다. 가령 런던에 살며 기독교도가 되거나 베이징에 살며 불교나 유교를 신봉하게 되는 이유에는 관심을 기울이지 않는 것이다. 그러나 개인이 오류를 범할 수 있듯 분명 시대 또한 오류를 저지를 가능성이 있다. 시대마다 각기 수많은 의견이 존재했으나 다음 세대로 접어들어 그런 의견들은 잘못된 정도를 넘어 맹랑한 것으로 인식되곤 했다. 과거가 현재에 의해 부정되는 것처럼, 오늘날 많은 사람이 보편적으로 인정하는 많은 생각도 미래의 어느 시점에서는 못쓰게 될 것이 분명하다.

이러한 주장에 다음과 같은 반론이 제기될 수 있다. 공권력은 종종 자신이 내린 판단과 책임 아래 여러 행위를 하는 과정에서 오류가 확대되는 것을 막는다. 즉, 잘못되었다고 생각하는 의견을 전혀 수용하지 않는 것이다. 이 행위야말로 자신은 절대 틀릴 수 없다는 무오류의 전제를 가장 강력하게 드러낸다. 인간에게 판단력은 사용하라고 주어진 것이다. 그런데도 판단이 잘못 사용될 수도 있으니 그 무엇도 판단해서는 안 된다고 말할 수 있을까? 나랏일을 하는 사람들이 국가에 해가 된다고 생각하는 것을 금지한다고 해서 그들이 항상 올바른 판단을 내렸다고 볼 수는 없다. 비록 잘못될 가능성이 존재하더라도 여타 업무에서처럼 양심에 따라 행동하는 것뿐이다. 우리 생각이 틀릴지도 모른다는 두려움에 모두가 자기 생각에 따라 행동하지 않는다면 각자 자신의 이익을 내팽개친 채 마땅히 해야 할 일마저 할 수 없게 된다. 모든 행위에 적용되는 반론은, 사실 그 어떤 특정 행위에도 적용될 수 없는 반론이다. 정부와 개인은 할 수 있는 한 최상의 판단을 내릴 수 있도록 모든 주의를 기울여야 한다. 확신이 서지 않는 판단을 타인에게 강요해서는 안 된다. 그것이 바로 정부와 개인이 지켜야 할 본분이다. 아직 의식의 개화가 미진했던 과거에는 지금은 옳다고 받아들여지는 어떤 생각을 드러냈다는 이유만으로 박해받기도 했다. 그러나 옳다는 확신이 드는데도(논리적 근거에 따라 내린 판단이라고 말할 수도 있다) 이를 무시한 채 행동에 옮기지 못하고, 현재에서든 미래에서든 해로운 생각을 아무런 제약 없이 확산하도록 놔둔다면, 그것은 양심적인 행동이 아니라 비겁한 짓이다. 우리는 똑같은 실수를 반복하지 않도록 주의해야 한다. 하지만 여러 정부와 국가는 권력을 행사하는 과정에서 이런저런 실수를 저질렀다. 부당하게 세금을 거둬들였고, 정당하지 못한 전쟁을 일으키기도 했다. 그렇다고 해서 우리가 세금 납부를 거부하고 적의 도발에도 싸우지 말아야 할까? 개인과 정부 모두 능력껏 최선의 행동을 찾아내야 한다. 절대적 판단 기준은 없지만, 삶의 목적을 달성하는 데 어떤 행동을 해야 할지 판단할 능력은 누구나 갖추고 있다. 우리는 자신만의 행동 지침을 스스로 세워도 된다. 또한 이를 가능하게 할 능력을 갖췄다고 믿어야 한다. 잘못된 생각을 퍼트려서 사회를 어지럽히려는 악인들을 막아야 한다고 믿을 때도 마찬가지다.

이상의 반대론은 훨씬 많은 것을 가정하고 있다. 모든 논쟁을 벌이고서도 반론이 제기되지 않았다는 이유로 진리라고 가정하는 것과 애초에 그 의견에 반박하지 못하도록 그것을 당연히 진리로 여기는 것에는 본질에서 차이가 있다. 우리가 주장하는 의견을 자유롭게 반박하고 반증할 수 있어야 그 의견을 근거로 행동에 옮길 때 정당성을 확보하는 조건을 갖추게 되는 것이다. 이외의 다른 조건을 통해서는 인간이 지닌 능력만으로 올바름에 대한 합리적인 확신을 가질 수 없다.

인류의 사상이나 일상생활에서 일어난 행동의 역사를 살펴볼 때, 우리 삶이 더 나빠지지 않고 이 정도나마 유지되는 이유는 무엇일까? 분명한 사실은 인간 지성에 내재한 선천적인 능력 때문은 아니라는 점이다. 그 이유는 옳고 그름에 대한 기준이 분명치 않은 문제를 놓고 올바른 판단을 내리는 사람이 한 명이라면, 그렇지 못한 사람이 100명 중 99명이기 때문이다. 게다가 그중 나머지 한 명의 판단 능력도 상대적으로 뛰어난 것일 뿐, 절대 틀리지 않는다고 말할 수도 없다. 과거 세대의 뛰어난 사람 대다수가 오늘날 보기에는 잘못된 생각을 지니고 있었던 것은 물론이거니와 이제는 아무도 옳다고 주장하지 않을 수많은 일을 직접 행동으로 옮겼거나 수용한 걸 보면 알 수 있다. 그렇다면 전반적으로 인류의 합리적 생각과 행동이 더 힘을 발휘하게 되는 이유는 무엇일까? 인간에게 정말로 이런 합리성이 중시되고 있다면 — 인간의 삶이 거의 절망적인 상태로 허우적대지 않으려면 그래야 하겠지만 — 이것은 인간이 지닌 정신의 한 가지 특성 때문이다. 즉, 지적 존재 또는 도덕적 존재로서 인간의 내면에 깔린 꽤 괜찮은 근원, 다시 말해 잘못을 바로잡을 수 있는 능력 덕분이다. 인간은 토론과 경험을 바탕으로 자신의 잘못을 시정할 수 있다. 단순히 경험만으로 되는 건 아니다. 경험을 어떻게 해석해야 하는지 알아내려면 반드시 토론이 필요하다. 잘못된 생각과 관행은 사실과 논쟁에 밀려 점차 설 자리를 잃어가지만, 그처럼 사실과 논쟁이 인간 정신에 어떤 영향을 미치려면 그것들이 눈앞에 제시되어야 한다. 어떤 사실이, 그 사실을 둘러싼 사람들의 논평이나 설명 없이 저절로 드러나는 경우는 거의 없다. 그렇다면 인간이 내리는 판단의 힘과 가치는 단 하나의 특성, 말하자면 인간의 판단이 잘못되었을 때 바로잡을 수 있다는 사실에 달려 있으므로 잘못된 판단을 언제든 수정할 방법을 마련할 수 있을 때 비로소 믿음이 생겨난다. 그렇다면 누군가의 판단이 옳다는 믿음은 어떻게 해서 생기는 걸까? 바로 열린 사고를 통해서다. 자기 생각과 행동이 비판받을 수 있다는 사실을 받아들이면 된다. 그 결과 반대 의견을 경청하고, 옳은 의견 못지않게 잘못된 의견을 통해서도 이득을 얻으며 자신을 비롯해 타인에게 어떤 생각이 왜 오류인지를 상세하게 설명할 수 있다. 아울러 어떤 문제에 부딪혀 능력이 미치는 범위 내에서 문제 전체를 들여다보는 유일한 방법이 있다. 갖가지 다른 의견을 가진 사람들의 말을 들어보고, 또 다양한 상황에 있는 사람들이 그 문제를 바라보는 각양각색의 시각을 연구해보는 것이다. 제아무리 현명한 사람이라도 이외의 방법으로 지혜를 얻은 인물은 본 적이 없다. 인간 본연의 지성으로 그 밖의 다른 방법을 통해 지혜로운 사람이 되기란 거의 불가능에 가깝다. 자신이 생각하는 바를 다른 사람의 생각에 견주어 틀린 부분이 발견되면 의심하거나 망설이지 말고 수정하여 자기 생각을 완성해나가자. 이런 습관을 들이면 자신의 판단에 단단한 믿음을 뿌리내리게 할 수 있다. 내 의견에 어떤 반론이 제기되는지 정확히 인식하고, 그 비판자들에게 자기 입장을 분명하게 밝힐 수 있다면 ― 즉 자신의 의견에 반대되는 견해, 또는 그 의견의 맹점을 지적하는 소리를 피하는 대신, 흔쾌히 열린 자세로 분명한 근거를 제시하고, 여러 측면에서 제기되는 다양한 목소리를 차단하지 않는다면 ― 이런 과정을 거치지 않은 다른 어떤 개인이나 집단의 판단보다 더 나을 수밖에 없다.

세상에서 가장 현명한 사람들은 대개 누구보다 자신의 판단을 가장 신뢰한다. 이들이 자신의 판단이 타당함을 보여주는 데 필요하다고 여긴 것은 소수의 현명한 사람들과 이른바 공중公衆이라는 다수의 어리석은 개인에 의해 검증받는 것인데, 이는 결코 지나친 요구가 아니다. 교회 중에서도 가장 편협하다고 볼 수 있는 로마 가톨릭교회도 새로운 성자를 인정하는 시성식에서조차 '시성諡聖 조사역devil's advocate(가톨릭에서 어떤 인물을 성인품에 올릴 때 시성에 대한 자격 요건을 따지기 위해 그 일생과 주변인들과의 관계는 물론이고 평생 그들이 행한 업적이나 기적의 진위를 조사하는 사람으로, 제삼자의 눈에는 그야말로 욥을 시험한 악마의 화신을 떠올릴 정도로 꼬치꼬치 흠을 캐는데, 사실 본인의 진심과는 무관하게 악역을 맡아 반대 의견을 내는 사람이다-옮긴이)'의 트집 잡기에 참을성 있게 귀를 기울인다. 아무리 거룩한 삶을 산 성인이라고 해도, 악역을 맡은 조사역이 떠들어대는 온갖 험담의 진실 여부를 따져보기 전까지 사후에 영광된 칭송을 받을 수 없다는 것이다. 심지어 뉴턴이 주장한 물리학 이론에 의문을 품고 문제를 제기할 수 없었다면, 오늘날처럼 그의 이론에 완전한 신뢰를 보낼 수 있었을까? 우리가 틀림없다고 믿고 있는 것들도 온 세상에서 끊임없이 검증되지 않는 한 절대 진리라고 확신할 수 없다. 그 도전이 받아들여지지 않거나, 또는 받아들여지고도 그 노력이 좌절된다면, 여전히 확신하기에는 턱없이 부족하다. 그것은 단지 현재 인간의 이성이 허용하는 수준에서 검증을 받은 것에 불과할 뿐이므로 진리에 이르게 해줄 수 있는 건 무엇이든 가볍게 보아 넘겨서는 안 된다. 항상 눈을 크게 뜨고 경계하라. 우리는 더 높은 진리로 나아가는 희망을 품게 될 것이고, 진리는 인간 정신이 받아들일 수 있을 때 그 모습을 드러낼 것이다. 그때까지는 현 수준의 인간 지성에서 도달한 진리를 신뢰해야 하지 않을까? 이 정도가 오류를 저지르는 인간이 달성할 수 있는 확실성의 가장 최대치이며, 또한 그런 최대치에 도달하게 해주는 가장 유일한 방법이기도 하다.

이상하게도 사람들은 자유로운 토론을 위해 논쟁이 필요하다는 건 인정하면서도 '양극단의 한쪽에 놓이는 것'에는 반대한다. 하지만 그 근거가 극단적인 사례에만 들어맞는다면 사실상 그 어떤 경우에도 타당하지 않다는 점을 간과한 것이다. 미심쩍은 문제를 발견하고서 자유롭게 토론하며 옳고 그름을 따져보자고 하면서도 진리라고 확신하는 특정 주의나 교리는 아예 의심조차 해선 안 된다고 하니, 그들이 무오류를 가정하지 않는다고 믿어야 한다는 것이 이상할 따름이다. 특정한 명제를 두고 토론이 펼쳐지면 그 타당성에 이의를 제기하고 싶은 사람이 분명히 존재한다. 만약 이의 제기가 허용되지 않는 상황에서 어떤 명제가 확실하다고 주장하려면 우리 자신을 비롯해 우리 견해에 동조하는 사람들이 그 명제가 참이라고 판단해야 한다. 또한 상대방의 말을 들어보지 않고도 판단을 내리는 심판자가 되어야 한다.

'신념은 사라지고 회의주의에 두려움을 느끼는' 시대, 다시 말해 사람들이 자기 생각을 확신하기보다는 그런 생각 없이는 무엇을 해야 할지 알 수 없다고 확신하는 오늘날, 어떤 의견이 대중의 공격으로부터 보호받고 있다면 그것이 흠잡을 데 없는 생각이라서가 아니라 사회적으로 중요하기 때문이다. 그러므로 사람들은 어떤 의견이 사회의 안녕에 꼭 필요하지는 않아도 대단히 유용하기에 그 신념을 보호하는 것이 사회의 다른 어떤 이익을 지키는 것 못지않게 정부가 마땅히 해야 할 일이라고 생각한다. 따라서 정부의 직접적인 역할일 뿐만 아니라 꼭 필요하다면 약간의 오류가 있더라도 사람들의 통념에서 크게 벗어나지 않는 한, 정부는 나름의 판단에 따라 행동하고 종종 강제할 수 있다고들 한다. 그리고 누군가가 나쁜 마음을 먹지 않고서는 그런 이로운 신념을 흔들어놓지 않으리라 주장한다. 따라서 나쁜 사람이 나쁜 행동을 하지 못하도록 통제하는 건 하등 나쁠 게 없다고 생각한다. 이런 사고 유형에서 토론을 막는 것은 주장의 진위가 아닌 유용성이 관건으로 작용한다. 그런 방식으로 자기 생각은 절대 틀릴 수 없다는 주장에 대한 책임에서 벗어날 수 있다고 편리하게 생각해버리는 것이다. 그러므로 자족하는 사람들은 '오류 없음'이라는 가정이 그저 무늬만 바뀐 것에 불과하다는 사실을 인지하지 못한다. 어떤 의견이 유용한 것인지에 대한 문제는 그 자체로 하나의 의견이 된다. 따라서 의견 그 자체인 유용성에 관한 문제는 의견의 진리 여부를 따지는 것만큼이나 치열한 토론이 필요하다. 비난을 사고 있는 의견이 충분히 방어할 기회를 얻고 있지 않은 한, 그 생각이 해로운지를 결정하려면 그것의 참과 거짓을 판단할 때처럼 완전한 심판관이 필요하다. 어떤 이교도가 자신의 의견이 진리임을 주장할 수는 없지만, 그 생각이 지닌 효용이나 그 생각에 해가 없음을 주장하는 건 허용된다고 말한다면 과연 이치에 맞는 걸까? 어떤 생각에 담긴 진리는 일정 부분 그 생각이 지닌 효용을 드러내는 것이다. 어떤 명제가 바람직한지 알고자 하면서도 그 명제의 사실 여부를 가리기 위한 논의를 거치지 않는 것이 가능한 걸까? 대부분 사람은 진리를 거스르는 생각은 유용하지 않다고 말한다. 그런 사람은 주변에서 어떤 의견이 아무리 유용하다고 말해도 자기가 거짓이라고 믿고 있다면 그 의견을 부정하는 데 혈안이 되어 있다. 당신은 진리가 아니라면 절대 유용하지 않다고 항변하는 그들을 막을 재간이 있겠는가? 일반적으로 널리 받아들여진 생각을 인정하는 사람들은 그와 같은 항변을 유리하게 이용한다. 다시 말해, 그들은 효용의 문제를 논할 때 그것이 진리의 문제에서 나올 수 있다는 사실을 염두에 두지 않는다. 오히려 그들의 주장은 '진리'이므로 그것에 대한 믿음이나 지식은 필수적인 것으로 여겨진다. 그러나 중요한 논의가 한쪽에 치우쳐 있으면 유용성과 관련해 공정한 토론이 이루어질 수 없다. 사실상 법 또는 대중의 감정이 어떤 한 의견을 놓고 옳고 그름에 대해 따져보는 것을 허용하지 않으면 그 의견에 대한 유용성을 끈질기게 부인하기가 어렵다. 그들이 할 수 있는 최선은 유용성이 절대적으로 필요하다거나, 그것을 거부한 것이 분명한 잘못임을 보여주는 정도에 그칠 뿐이다.

스스로 내린 판단에 사로잡힌 나머지 어떤 주장에 귀를 기울이지 않는다면 어떤 폐해가 발생할까? 이를 자세히 설명하기 위해 구체적인 사례를 살펴보는 게 좋을 것이다. 나는 일부러 가장 안 좋은 사례를 들어보려고 한다. 바로 진리나 유용성의 측면에서 생각의 자유를 둘러싼 논쟁이 가장 격렬했던 사례다. 미래의 어느 시점, 신의 존재에 대한 믿음이 도마 위에 올랐다고 가정해보자. 아니면 사람들이 일반적으로 인정하는 어떤 도덕관이라고 생각해도 좋다. 위에서 언급한 근거를 들고나와 이 싸움에 뛰어든다면, 공정하지 못한 상대에게 더 유리한 무기를 쥐여주는 형국이 되고 만다. 그들은 이렇게 말할 것이 뻔하다(불공정하게 이득을 챙기고 싶어 하지 않는 사람들도 내심 같은 말을 할 테지만).

"이게 바로 법의 보호를 받으며 수용할지 확신하지 못하는 주장인가? 당신은 신을 믿는 것이 과연 오류 없는 진리라 확신하는가?"

하지만 우선 말해둔다. 내가 절대 확실의 전제라고 말하는 것이 어떤 원리(그것이 무엇이든 간에)에 대해 확신한다는 것은 아니다. 그런 전제는 사람들에게 반대 의견에 귀 기울이는 것을 막고 나서 결정을 내리는 것이다. 나는 나의 굳건한 신념에 따라 이런 가식을 질책하고 나무랄 수밖에 없다. 누군가가 어떤 신념이 거짓인 데다 (내가 아주 싫어하는 표현을 빌리자면) 부도덕하고 불경스럽기까지 한 결과에 대해 그럴싸하게 설득하더라도, 또한 아무리 자국민이나 동시대를 살아가는 사람들과 똑같은 생각을 한다고 해도, 자기 자신의 의견만을 근거로 다른 의견을 따르는 사람들의 생각을 거부하고 밀어낸다면 그 또한 자기가 절대로 옳다고 전제하는 것과 매한가지다. 설사 그 의견이 부도덕하고 불경스럽다고 하더라도, 자신에게는 오류가 없다는 전제가 덜 비판받을 수 있다거나, 덜 위험한 것은 결코 아니다. 오히려 이것이야말로 다른 어떤 사례들보다 절대 확실의 가정이 가장 치명적인 사례이자 다음 세대에게까지 경악을 금치 못할 무서운 잘못을 저지르는 사례가 된다. 법을 무기 삼아 가장 훌륭한 사람들과 고견을 뿌리 뽑은 일은 우리가 역사 속에서 발견할 수 있는 기억할 만한 사례들 중 하나다. 그들에 대한 박해는 개탄할 만큼 성공을 거두었다. 그리고 일부 주장은 여봐란듯이 살아남아 이를 따르지 않거나 일반적인 해석을 받아들이지 않는 사람들을 억압할 때 종종 입에 오르내렸다.

소크라테스라는 한 개인이 사법당국과 대중 여론 사이에서 벌인 매우 인상적인 싸움은 인류의 기억에서 좀처럼 잊히지 않는다. 수많은 위인을 배출한 시대에 태어난 소크라테스는 당대 최고의 도덕가로 전해져왔다. 동시에 우리는 그가 후세에 등장한 모든 도덕가의 원조이자 원형이며, 플라톤에게 숭고한 영감을 주고 '모든 지식인의 스승i maëstri di color che sanno'으로 불린 아리스토텔레스의 사려 깊은 공리주의의 원천이었음을 알고 있다. 이 두 사람은 윤리학을 비롯해 모든 철학의 양대 산맥이다. 소크라테스는 후대 사상가들의 스승으로 존경받았으며 2000년이 훌쩍 지났음에도 그의 명성은 높아지고 있다. 자국의 위인을 모두 합쳐도 그의 명성을 못 따라갈 정도다. 하지만 그는 불경과 부도덕이라는 죄목으로 법정에서 유죄를 선고받고 결국 사형을 당했다. 불경은 국가가 공인하는 신을 부정했을 때 뒤집어씌우는 죄목인데, 실제로 그를 고발한 사람들은 그가 그 어떤 신도 믿지 않았다고 주장했다(《소크라테스의 변명》을 참조할 것). 또한 그의 철학과 지도로 '젊은이들을 타락시켰다'는 이유로 부도덕하다는 혐의를 받았는데, 법원은 모든 근거를 들어 그에게 유죄판결을 내렸다. 아마도 그는 그 시대에 사형당한 사람 중 가장 존경받은 인물이 아닐까?

소크라테스의 사례처럼 법이라는 이름 뒤에 숨어 자행되었던 또 다른 사례를 살펴보자. 소크라테스의 죽음 이후 벌어진 이 사건 역시 경악스럽기는 마찬가지다. 1800년 전, 골고다의 언덕에 한 남자가 있었다. 그의 일생과 언행을 지켜본 사람들의 기억 속에 그 비범한 도덕성이 각인되었고, 무려 18번의 세기에 걸친 긴 시간 동안 인간으로 태어나 전능한 신으로 칭송받은 그 역시 불명예스러운 죽음을 맞았다. 그의 죄목은 무엇이었을까? 바로 신성을 모독한 죄였다. 사람들은 그들에게 은혜를 베풀었던 그를 단순히 잘못 판단한 정도를 넘어서서 그가 실제로 행한 일과는 정반대로 불경한 자로 몰아세웠다. 그러나 지금은 어떤가. 그를 불경한 자로 취급하는 이가 불경한 이로 내몰리는 세상이다. 오늘날 우리는 이런 통탄할 만한 일들, 특히 그를 불경한 자로 대우하면 자신들이 되레 불경죄로 손가락질당했던 후자의 상황 때문에 이 불행한 주인공들을 둘러싼 당시 사람들의 판단을 지극히 부당하다고 인식한다. 그러나 이들은 모든 면에서 악인들이 아니었다. 보통 사람들보다 나쁘지도 않았으며 오히려 그 반대였다. 그들은 동시대인들이 공통으로 마음속에 품은 종교적, 도덕적, 애국적 감정이 충만하다 못해 넘쳐흐르던 사람들이었다. 어찌 보면 우리가 사는 현시대를 포함해서 그 어떤 시대에서도 평생 떳떳하고 존경받는 삶을 살 가능성이 가장 농후한 사람들이었다. 대제사장은 그가 사는 나라의 기준에서 최악의 죄에 해당하는 말이 공언되었을 때 옷을 찢었다. 아마도 그 대제사장은 오늘날 경건한 사람들이 종교와 도덕적 감정을 표출할 때와 마찬가지로 진지하게 자신의 감정을 드러낸 것일지도 모른다. 그리고 지금 그의 행동에 진저리를 치는 사람들도 그 제사장이 살았던 시대에 유대인으로 태어났더라면 그와 똑같이 행동했을 것이다. 정통파 기독교 신자 중에는 최초의 순교자를 돌로 쳐서 죽인 사람들을 자신들보다 나쁜 인간들로 보는 경향이 있다. 하지만 그런 박해자 중 한 사람이 바로 사도 바울이었다는 사실을 기억해야만 한다.

예를 하나 더 들어보겠다. 누군가가 저지르는 실수가 그 오류에 빠지는 사람의 지성과 덕성을 기준으로 얼마나 인상적인지를 평가할 때 가장 이목을 끄는 사례가 될 것이다. 마르쿠스 아우렐리우스Marcus Aurelius Antoninus(121-180, 5현제의 마지막 황제이자 후기 스토아파의 철학자이다-옮긴이) 황제는 권력자이자 동시대에서 최고로 지혜롭다고 자부한 인물이다. 전체 문명 세계를 지배한 절대 권력자였음에도 평생 흠잡을 데 없는 정의의 수호자였으며, 스토아 철학을 정신적 근간으로 삼는 사람치고는 심성이 온화했다. 그에게 허물이 없는 것은 아니다. 그렇지만 너그러이 눈감아줄 정도로 미미한 것들이었다. 고대의 지혜를 담은 최고의 윤리학 저술로 통하는 그의 글은 예수의 가르침을 쏙 빼닮았다. 설령 차이가 느껴지더라도 특별히 다르게 보이지 않을 정도다. 아우렐리우스는 교리상으로는 기독교인이 아니었으나 그의 뒤를 이어 군림한 그 어떤 독실한 기독교 신앙을 가진 군주들보다 더 기독교적인 사람이었다. 그런데도 그는 기독교도를 박해했다. 개방적이며 자유로운 지성인이자 자신의 윤리학 저술에서 기독교적 이상을 구현한 인물로 이제까지 인류가 이룩한 모든 성취의 최고봉에 올랐음에도 말이다. 그는 기독교가 이 세상에 긍정적인 영향을 끼친다는 사실을 전혀 깨닫지 못했다. 세상을 지켜야 할 의무가 마음속 깊이 박혀 있어서였다. 그가 보기에 당시 사회는 개탄스러운 상황이었다. 그나마 공인된 신들을 섬기는 신앙 덕에 질서가 유지되고 상태가 더 나빠지는 것을 막을 수 있다고 보았다. 아니, 그럴 수 있으리라 생각했다. 문명 세계의 통치자로서 그는 사회를 분열시키지 않는 것이 자신의 의무라고 생각했다. 이 세계가 무너지면 다시 통일할 방법을 알지 못한 것이다. 그런데 기독교라는 새로운 종교가 나타나서는 그러한 결속을 공공연하게 끝내려고 했다. 아우렐리우스로서는 이 새로운 종교를 받아들이는 것이 그의 의무가 아닌 이상, 탄압하는 쪽을 선택해야만 했다. 그가 판단하기에 기독교 신학은 진실하거나 신성하게 느껴지지 않았다. 신이 십자가에 못 박혀 죽었다는 기이한 역사도 미덥지 않았다. 따라서 예수에 전적으로 의존하는 종교적 교리 체계가 그 모든 박해를 견디고 나서 사회 혁신의 동인이 되리라고는 결코 예상하지 못했다. 훗날 기독교는 실제로 사회의 새로운 원동력이 되었지만, 당시에는 이를 예측하지 못했기에 모든 철학자와 지배자를 통틀어 가장 자애롭고 온건했던 그는 스스로 신성한 의무를 다한다는 생각에 기독교를 탄압했다. 나는 이것이 인류 역사상 가장 비극적인 사건이라고 생각한다. 기독교 신앙이 콘스탄티누스 황제가 아니라 마르쿠스 아우렐리우스의 도움을 받아 제국의 종교로 받아들여졌다면 역사는 어떻게 바뀌었을까? 상상하는 것만으로도 가슴이 아리다. 그러나 반기독교적 가르침을 처벌하는 데 성립할 수 있는 이유가 단 하나뿐이더라도 마르쿠스 아우렐리우스가 기독교 전파를 탄압하는 이유로 전혀 손색이 없었다는 사실을 부인한다면 그에게 불공평한 비판을 가하는 것이고, 사실과도 맞지 않을 것이다. 당시 기독교 신자들은 무신론이 허위일 뿐 아니라 사회를 타락시킨다고 굳게 믿었다. 아우렐리우스는 기독교에 대해 똑같이 생각했다. 어쩌면 그는 동시대 사람들 중 그 사실을 가장 제대로 인식할 수 있는 유일한 인물이었을 것이다. 따라서 신념을 전파했다는 이유로 처벌을 가하는 데 찬성하는 사람은 누구든지 마르쿠스 아우렐리우스보다 더 현명하고 더 낫다고 ― 당대의 지혜에 더 정통하고, 지성이 더 뛰어나며, 진리를 탐구하는 데 더 열정적이고, 또 진리를 찾으면 전심전력으로 전념할 수 있다고 ― 자부하지 못하는 한, 절대 자기 자신과 다수가 견지하는 무오류의 가정을 내려놓아야 한다. 저 위대한 마르쿠스 아우렐리우스도 바로 이런 식으로 잘난 줄 착각하다가 불행한 결과를 초래했다.

종교의 자유를 반대하는 세력들은 마르쿠스 아우렐리우스의 정당성을 증명해야만 기독교 탄압을 옹호할 수 있음을 깨닫고는 다급한 상황에서 때로 이 결과를 받아들인다. 그리고 존슨Samuel Johnson(1709-1784, 영국의 시인이자 평론가이다-옮긴이) 박사와 더불어 기독교를 박해한 세력들이 옳았다고 말한다. 박해는 진리가 반드시 거쳐 가야 할 시련이며, 진리는 항상 그 시련을 이겨낸다고 말이다. 그리고 법적 처벌이 사회에 해로운 행위들을 가로막는 데 효과가 있지만, 진리 앞에서는 결국 무력해질 것이라고 말한다. 종교의 자유를 거부하는 사람들이 펴는 이러한 논리는 그저 웃어넘길 만큼 가벼운 것이 아니다.

박해가 진리 자체에 해를 입히는 건 아니므로 진리를 박해해도 무방하다는 논리 앞에서, 새로운 진리를 받아들이는 데 대해 의도적으로 거부감을 드러냈다며 비난할 수는 없다. 하지만 인류가 큰 은혜를 입은 사람들을 대우할 때 아량을 베풀지 못한 점은 비판받아야 한다.

이제껏 알려지지 않은 어떤 사실을 찾아내 세상 사람들에게 알려주고, 세속적인 혹은 영적인 문제를 둘러싼 몇 가지 주장에 오해가 있었음을 바로잡아주는 일은 한 인간이 인류를 위해 할 수 있는 중요한 공헌이다. 초기 기독교 신자나 종교 개혁가들의 사례에서도 볼 수 있듯, 존슨 박사와 결을 같이하는 사람들은 그것이야말로 인간이 할 수 있는 가장 값진 선물이라고 믿었다. 그런데도 이처럼 훌륭한 기여는 순교로 앙갚음당하고, 그들에게 극악무도한 범죄자로 응보를 내렸다. 그렇지만 종교의 자유를 용납하지 않는 자들의 주장에 따르면, 그렇다고 해서 온 인류가 상복을 입고 재를 뒤집어쓴 채 통곡해야 할 만큼 개탄스러운 잘못도 아니요, 불행한 일도 아니다. 이들은 오히려 지극히 정상적이고 당연한 상태로 받아들인다. 이 주장에 따르면, 새로운 진리의 주창자는 로크리법the legislation of the Locrians을 제안한 사람들처럼 자기 목에 교수형 밧줄을 걸고 나와 민회public assembly에서 자기가 발의한 법안을 설명하고 난 뒤, 그 의견을 경청한 사람들이 새로운 법안에 동의하지 않으면 즉시 죽음을 맞을 각오를 해야 한다고 강조한다. 인류의 은인을 이렇게 대접하는 사람들이 과연 은혜를 아는 자들이라고 말할 수 있을까? 내가 볼 때 이런 견해는 대체로 새로운 진리가 과거에는 바람직했을 수 있겠지만 이제는 그만하면 됐다고 생각하는 사람들로 국한되어 있는 것 같다. 진리는 항상 박해를 견뎌내고 승리한다는 말은 오랜 세월 구전되어 일상에서 흔히 쓰는 말이 되었지만, 인류의 경험을 통해 증명되었듯이 듣기 좋은 거짓말에 불과하다. 역사는 박해로 억눌린 진리의 사례들로 가득하다. 영원히 억압받지는 않더라도 수 세기 동안 비난받을 수 있다. 종교 문제만 해도, 루터가 등장하기 전까지 적어도 스무 번은 종교 개혁이 일어났지만, 모두 진압되었다. 예컨대 브레시아의 아르날도, 프라 돌치노 수도사, 사보나롤라, 알비주아파, 발도파, 롤라드파, 후스파 등이 무릎을 꿇었다. 심지어 루터가 개혁을 성공으로 이끈 뒤에도 박해와 탄압은 끊이지 않았고, 모두 성공했다. 스페인, 이탈리아, 플랑드르, 오스트리아 제국에서 개신교가 뿌리째 뽑힌 것은 물론, 영국에서도 메리 여왕이 더 오래 살았거나, 엘리자베스 여왕이 더 일찍 죽었더라면 똑같은 일이 벌어졌을 것이다.

박해는 이단의 세력이 너무 막강해서 박해가 효과적으로 근절되기 어려운 경우를 제외하면, 언제나 성공했다. 이성이 있는 사람들이라면 누구든 기독교가 로마 제국 시절에 사라질 수 있었다는 걸 의심하지 않을 것이다. 기독교가 널리 전파되어 세력을 넓힐 수 있었던 데는 박해가 짧은 기간 특수한 때만 일어났고, 한 번 휘몰아치던 박해가 잠잠해지고 다음 박해가 시작되기 전까지, 긴 기간에 걸쳐 거의 자유로운 선교 활동이 가능했기 때문이다. 오직 진리만이 그 어떤 오류에도 굴하지 않으며, 지하 감옥에 갇히거나 화형이라는 가혹한 형벌에도 근본적으로 이겨낼 힘을 지니고 있다는 믿음은 감상에 젖은 부질없는 생각에 지나지 않는다. 인간은 종종 그릇된 생각에 빠져 열성을 다해 진리를 파고들지 않는다. 법적 제재 혹은 사회적 제재를 충분히 가한다면 일반적으로 진리든 오류든 그 전파를 멈추게 할 수 있다. 진리의 참된 이점은 다음과 같다. 어떤 의견이 진실을 말할 때, 그러한 의견은 한 번, 두 번 또는 여러 번에 걸쳐 어둠 속으로 사라질 수 있다. 그러나 세월이 지나면서 유리한 환경이 조성되기도 하고, 그 덕분에 박해를 피할 수 있게 된다. 그리고 마침내 진리를 억압하는 자들에 저항할 힘이 생길 때까지, 숨죽이고 있던 그 진리를 다시 찾아내 기필코 빛을 비추는 사람이 나타난다.

이제는 우리가 새로운 주장을 펴는 사람들을 죽음에 이르게 하지 않는다고 말하는 이들이 있다. 우리는 예언자들을 살해한 조상들과는 다르다는 것이다. 심지어 그들을 위해 무덤까지 만들어준다고도 한다. 이단자들을 더는 처형하지 않는다는 말은 맞다. 또한 아무리 해로운 생각이더라도 현대의 정서상 법이 허용한 형벌의 수준에서 그런 생각 자체를 뿌리 뽑기에는 무리가 있는 것도 사실이다. 그렇다고 우리가 법을 내세워 박해하던 구시대의 오점을 완전히 지워냈다고 자만해서는 안 된다. 어떤 의견, 혹은 어떤 의견의 표현을 금지하는 법은 여전히 존재한다. 오늘날에도 그와 같은 형 집행이 유례없는 것도 아니라서 언젠가 다시 그 형벌이 전면적으로 부활할 수도 있겠다는 생각이 들 정도다. 1857년 콘월의 여름 순회재판에서 한 불운한 남자가 기독교를 욕되게 하는 말을 하고, 또 그 표현을 대문에 썼다는 이유로 21개월 징역형을 선고받았다. 그는 한평생 모난 구석 없이 무난한 삶을 살아온 남자였다. 그 후, 한 달도 채 지나지 않아 올드베일리에서 두 사람이 신앙이 없다고 솔직히 말했다가 배심원 자격을 박탈당했고, 그중 한 사람은 재판관과 변호사에게 호되게 모욕을 당했다. 세 번째 경우는 외국인인데, 절도행위에 재판을 청구했으나 같은 이유로 기각당했다. 기각의 사유는 (어떤 신이든 상관없지만) 신과 내세에 대한 믿음을 공식적으로 표명하지 않으면 누구나 법정에서 증언할 수 없다는 법규 때문이었다. 이와 같은 일들은 이런 사람들을 법의 보호를 받을 수 없는 무법자로 만들어버리는 것이다. 그렇다면 그들은 자신들 또는 자신들과 생각이 비슷한 사람들 말고 아무도 함께 있던 사람이 없을 때 강도를 만나거나 공격을 당해도 가해자에게 죄를 물을 수 없게 된다. 게다가 다른 사람이 이와 비슷한 일을 당해도 그 범행의 증거가 그들의 증언에 달린 경우, 범죄자가 처벌받지 않을 수도 있다. 이렇게 된 데는 내세를 믿지 않는 사람의 선서는 법적 효력을 인정받을 수 없다는 전제가 깔린 것이다. 그러한 전제에 동의하는 사람들에게서 역사에 대한 무지가 엿보인다(모든 시대를 통틀어 불신자 중 상당수는 뛰어난 인품으로 특별한 존경을 받았으니 말이다). 덕성과 업적 면에서 최고의 명예를 누린 사람 중 얼마나 많은 위인이 적어도 가까운 사람들에게는 불신자로 알려져 있었는지를 안다면 이런 생각을 감히 내세우지는 못할 것이다. 어디 그뿐인가. 이 법규는 자멸적일 뿐만 아니라 법의 근간마저 해칠 수 있다. 무신론자들은 거짓말쟁이라는 주장을 앞세워 자신이 무신론자라는 사실을 숨기는 자들의 증언은 인정하면서도 거짓을 말하지 않고 불명예를 감수하면서까지 사람들이 손가락질을 일삼는 신념을 용기 내어 밝힌 무신론자의 증언만 배격하는 꼴이 되기 때문이다. 그러므로 겉으로 내세운 목적과 달리 모순이 드러나면서 스스로 오류임을 인정한 이 법은 오직 증오의 증거이자 박해의 잔재로서만 그 효력이 유지될 수 있다. 또한 박해는 이상한 특성이 있어서 박해받을 만한 죄가 없다는 것이 명백하게 드러나면 박해당할 자격이 생긴다. 그 법과 그 속에 함축된 법리는 무신론자 못지않게 믿음을 가진 사람들에게조차 모욕을 주는 것이다.

내세를 믿지 않는 사람들이 거짓말을 서슴지 않고 내뱉는다는 논리를 펴다 보면, 신을 믿는 자들 역시 지옥에 떨어질까 봐 무서워서 거짓말을 하지 못하는 것이라는 논리로 얼마든지 확대될 수 있기 때문이다. 우리는 그 법을 만든 사람들과 그것을 부채질한 자들이 기독교 윤리와 관련해 마음에 품었던 신념이 자기들 생각에서 비롯했다고 추정하면서 그들에게 마음의 상처를 입힐 생각은 없다.

사실 이런 것들은 박해가 남긴 단편적인 흔적이나 잔재에 불과하며, 또한 박해를 가하려는 의지의 표현이라기보다는 영국인들 사이에서 자주 발견되는 결점을 보여주는 하나의 사례로 이해할 수 있다. 실제로는 옳지 못한 방침을 실행할 만큼 악의적인 사람들은 아니지만, 그 옳지 못한 원칙을 주장할 때는 터무니없을 정도로 즐거워하는 걸 보면 말이다. 그러나 지난 한 세대 동안 지속해온 가장 나쁜 형태의 박해, 즉 법의 이름으로 심판했던 박해가 일반인들의 마음속에서 언제까지나 종적을 감추리라는 보장은 없다. 이 시대에는 새로운 이익을 창출하려는 시도는 물론, 과거의 해악을 되살리려는 시도로 일상생활의 평온함이 흔들린다. 편협하고 교양 없는 사람들 눈에는 우리 시대의 많은 사람이 종교의 부흥이라며 자랑스럽게 떠들어대는 모습은 언제나 완고한 신앙이 부활한 것이나 다름없었다. 종교적 편협함은 영국의 중산층에서 가장 두드러지게 나타나는 성향인데, 이런 분위기가 팽배한 곳에서는 조금만 부추겨도 그들이 박해받아 마땅한 대상으로 믿어 의심치 않았던 사람들을 핍박하게 된다. 이것은 사람들이 품고 있는 생각이며, 자기가 소중히 여기는 믿음을 부정하는 자들에 대해 느끼는 감정이다. 이런 감정 때문에 영국에서 자유의 정신이 발을 못 붙이는 것이다. 과거 오랫동안 법적 처벌로 받을 수 있는 최대 불이익은 사회적 오명이었다. 이와 같은 오명은 실제로 매우 효과가 있었다. 사실, 이런 사회적 분위기 탓에 영국에서는 법적 처벌로 이어질 가능성이 충분한 사회적으로 금기시되는 의견을 다른 나라에 비해 공개적으로 표명하는 경우가 드물었다. 경제적인 여건이 좋아서 굳이 다른 사람들의 눈치를 살필 필요가 없는 일부 사람을 제외하면 대부분 사람에게 여론은 법적 처벌 못지않게 강력한 힘을 발휘한다. 그들은 밥벌이를 못 하게 될 바에야 차라리 감옥살이를 선택할 것이다. 먹고살 걱정이 없는 사람들이나 권력자 또는 여러 집단이나 대중에 크게 신경 쓸 필요가 없는 사람들이야 어떤 의견이든 자유롭게 주장할 수 있다. 다른 사람이 나쁘게 생각한다거나, 험담한다고 해서 그것을 감당하는 데 대단한 투지가 필요한 것도 아니다. 따라서 그런 사람들을 동정해서 나설 필요는 없다. 오늘날 우리는 생각이 다르다고 해서 과거처럼 엄청난 해를 가하지는 않는다. 하지만 그런 사람들을 대하는 우리의 태도가 과거와 크게 다를 바 없는 괴로움을 안긴다. 소크라테스는 사형당했지만, 그의 철학은 하늘의 태양처럼 드높이 떠올라 인류의 지성계에 빛을 비춘다. 기독교 신자들은 사자 앞에 내던져졌지만, 무성하게 우거진 나무로 자라나 오래되어 활기를 잃은 나무들 위로 우뚝 솟아 그것들을 압도한다. 사회적 불관용은 사람을 죽인다거나 어떤 생각을 송두리째 뽑아버리지는 않더라도 자기 생각을 숨기게 하거나, 적극적으로 널리 알리려는 노력을 단념하게 만들 수 있다. 영국에서는 매 십 년 혹은 세대마다 이단적인 생각이 눈에 띄게 세를 불리는 일도 없고, 그 세력이 약화되지도 않는다. 그것들은 널리 퍼지지 못하고, 이런 생각이 처음 생겨난 소수 집단의 사상가나 연구자 사이에서만 들끓을 뿐, 옳건 그르건 인간 사회의 보편적인 문제를 제대로 조명하지 못한다. 그러므로 어떤 이들에게는 대단히 만족스러운 상태가 계속될 수 있다. 누군가에게 벌금형을 선고하거나 감옥에 가두는 불쾌한 과정 없이도 겉보기에 흔들림 없이 일반적인 의견이 유지될 수 있기 때문이다. 어디 그뿐인가. 건강하지 못한 생각으로 다수 의견에 반대하는 사람들의 이성을 억누를 필요도 없다. 이는 기존 질서를 크게 벗어나지 않은 범위에서 지식인들 사이에 평화를 가져다줄 편리한 방안이기는 하다. 그러나 이런 종류의 지적 화해를 위해 치러야 할 대가는 인간 정신에 담긴 도덕적 용기를 모두 희생해야 할 만큼 크다. 가장 적극적으로 진리를 탐구해야 할 대다수 지성인이 스스로 확신하는 일반 원리와 원칙은 가슴에 묻어둔 채로, 내심 인정하고 싶지 않은 주장에 동조해야 현명하다고 생각하는 사회라면 한때 지성계를 수놓았던 개방적이고 두려움을 모르던 사람들, 일관된 논리로 무장한 지성인들이 배출될 수 없다. 그런 상태에서 우리가 기대할 수 있는 사람이란 두 종류 뿐이다. 단순히 상식에 부합하는 의견을 따라가는 사람, 아니면 시류에 맞게 견해를 바꿀 수 있는 사람. 이들이 온갖 주제를 놓고 떠들어대는 주장은 청중이 듣고 싶은 말일 뿐, 자기 스스로 확신하는 신념이 아니다. 이 두 부류에서 벗어나고자 하는 사람들은 기존 원리가 미치는 범위 내에서 조심스럽게 말할 수 있는 것들, 다시 말해 있는 그대로 말해도 크게 해가 되지 않을 법한 평범하고도 실용적인 문제들에만 자기 생각과 관심을 집중하게 된다. 그렇게 되면 인간의 지성을 강화하고 확대하여 가장 중요한 문제를 놓고 자유롭게 대담한 사색을 펼치기가 불가능해지는 것이다.

　일부 이단자에게 침묵을 강요하는 행위를 나쁘게 보지 않는 사람들은 무엇보다도 이런 행위로 말미암아 이단에서 제시하는 의견이 공정하고 빈틈없이 논의되지 못한다는 점을 염두에 둬야 한다. 이뿐만 아니라 토론이 용인되지 않은 이단의 확산이야 막을 수 있겠지만, 그렇다고 이단이 완전히 사라지는 것도 아니다. 정설과 다른 결론을 제시하는 모든 탐구를 금지함으로써 가장 큰 피해를 보는 쪽은 이단이 아니다. 이단이 아닌 사람들, 즉 이단에 대한 공포로 정신의 발전이 위축되어 이성이 겁을 집어먹은 사람들이 가장 큰 피해자다. 장래가 촉망되는 수많은 지성인이 소심해져서 불경하다거나 부도덕하다는 소리를 듣지 않으려고 용감하고 활발하게 갖가지 생각을 이어가지 않는다면 이 세상이 얼마나 많은 것을 잃게 될까? 그들 중에는 종종 매우 양심적이고 예리하며 세련된 지력을 갖춘 사람들이 있다. 그런데 이들은 억누를 수 없는 지성을 사용해 평생을 궤변으로 속이고, 자기 양심과 이성이 불어넣은 생각을 정통 주류 의견과 조화시키려는 노력으로 독창적인 능력을 고갈시키지만 끝내 실패만 얻고 돌아간다. 위대한 사상가라면 어떤 결론에 도달하든, 마땅히 자신의 논리를 끝까지 따라가야 한다. 진리는 적절한 연구와 준비를 바탕으로 자기 생각을 펼칠 수 있는 사람이 저지르는 실수로 더 많이 얻어지며 혼자 골머리를 앓기 싫어서 그냥 견지하고 있을 뿐인 올바른 통념에 의해 발견되는 것이 아니다. 오로지 위대한 사상가들만을 위해, 사상의 자유가 필요한 것은 아니다. 되레 평범한 사람들이 그들이 할 수 있는 지적 수준에 도달하려면 위대한 사상가 못지않게, 또는 그 이상으로 사상의 자유가 필요하다. 정신적으로 노예화된 곳에서도 위대한 사상가들이 탄생했고, 앞으로도 나올 수 있을 것이다. 그러나 그런 사회 분위기라면 지적 활동을 활발히 펼치는 보통 사람들이 나오기란 어려울 것이다. 누군가가 일시적으로 그런 성향을 보였다면 그것은 이단의 생각을 따르는 과정에서 느껴지는 두려움이 잠시 멈춰서였을 것이다. 어떤 원칙들은 반박이 불가하다는 암묵적 합의가 존재하는 경우, 혹은 인류 사회에 자리 잡은 가장 중요한 문제를 놓고 토론을 벌일 수 없는 곳에서는 역사의 특정한 시기들을 눈부시게 장식했던 일반적으로 가장 높은 수준의 정신활동을 기대하기 힘들다.

사람들의 열정을 불러일으킬 크고 중대한 문제를 논의에서 배제할 때 사람들의 마음이 근본적으로 움직인 적은 없었다. 또한 평범한 지적 능력을 소유한 사람들에게 생각하는 존재라는 자존감을 샘솟게 할 어떤 자극도 주어진 적이 없었다. 종교 개혁 직후 유럽의 상황에서 그러한 예를 찾을 수 있다. 또 하나는 18세기 후반 유럽에서 교양이 높은 계급에 한정되어 일어난 사상운동이다. 세 번째 사례는 그 기간이 더 짧았지만, 괴테Johann Wolfgang von Goethe(1749-1832, 독일의 시인이자 소설가이자 극작가이다-옮긴이)와 피히테Johann Gottlieb Fichte(1762-1814, 독일의 철학자이다-옮긴이)가 살았던 독일에서 생겨난 지적 흥분이었다. 이 시기에 발전된 의견은 각기 달랐으나 권위의 통제가 작동하지 않았다는 공통점이 존재했다. 각각의 시기에 사람들은 정신적 억압을 가하던 낡은 체제에서 벗어났지만 이를 대신할 새로운 체제는 아직 대두하지 않았던 시점이었다. 이 세 번의 기간에 발현한 자극으로 오늘날의 유럽이 형성되었다. 인간 정신이나 여러 제도를 통해 나타난 모든 발전은 그때 그 시기를 거치며 이루어진 것이다. 그러나 최근 이러한 자극이 거의 그 힘을 잃어가고 있는 것 같다. 따라서 우리가 다시 정신의 자유를 적극적으로 주장하고 나서지 않으면 새로운 출발은 좀처럼 기대하기 힘들 것이다.

이제 우리의 두 번째 논점으로 넘어가자. 세상의 통념이 잘못된 것일지도 모른다는 전제를 버리고, 기존의 생각이 옳은 것이라고 가정하겠다. 그럴 때 이러한 진리가 자유롭게 드러내놓고 논의되지 않을 경우, 사람들은 어떤 방식으로 그런 생각을 고수하는지 살펴보자. 자기 의견이 확고한 사람이 자신의 주장이 틀릴 수 있음을 마지못해 인정한다고 해도 마음을 고쳐먹고 고려해야 할 사항이 있다. 바로 자기 생각이 아무리 옳다고 하더라도 충분히 자주, 그리고 두려움 없이 토론을 벌이지 않으면 살아 있는 진리가 아닌 죽은 독단에 불과하다는 사실을 아는 것이다. (다행히 옛날만큼 많지는 않지만) 스스로 진리라고 믿는 것에 아무런 의심 없이 동의하기만 하면, 그 근거가 무엇이든 일말의 지식도 없고, 아주 피상적인 비판에도 제대로 된 반론을 내놓지 못하면서 그것으로 괜찮다고 생각하는 사람이 여전히 적지 않다. 이런 부류의 사람들은 일단 권위 있는 자가 그런 생각을 주입해주면 그 신념에 의문을 품는 것은 아무런 이득이 되지 못할뿐더러 무익하다고 생각한다. 그들의 영향력이 지배하는 곳에서는 일반 통념이 현명하게 또는 신중하게 폐기되기가 거의 불가능하다. 그렇긴 해도 그런 생각은 무지로 말미암아 섣불리 폐기되기도 한다. 토론을 완전히 금지한다는 것은 사실상 거의 불가능하고, 일단 논의가 시작되면 확신에 근거하지 않은 믿음은 아주 사소한 논쟁 앞에서도 쉽게 무너질 수 있기 때문이다. 그러나 진리로 보이는 생각이 마음에 자리 잡고 있어도 그것이 토론으로 입증되지 않는다면 편견에 불과하다. 이런 가능성을 고려하지 않는 것은 적어도 이성적인 사람이 진리를 받아들이는 방법이 아니다. 또한 진리가 무엇인지 전혀 모르는 것이다. 그런 진리는 진리라는 말로 포장한 하나의 미신에 지나지 않는다.

신교도라도 부인하지 못할 인류의 지성과 판단력을 기르기 위해, 자신에게 대단히 영향을 미치는 어떤 문제에 직면하여 자기 의견을 가지는 것보다 더 적절하게 이런 능력을 발휘할 수 있는 것이 또 있을까? 이해력을 기르는 데 자기가 옳다고 믿는 의견을 뒷받침할 근거를 아는 것만큼 중요한 건 없다. 정확하게 아는 것이 가장 중요한 문제라면, 사람들이 무엇을 믿든 간에, 최소한 상식적으로 제기되는 비판에 대해 반박할 수 있어야 한다. 하지만 누군가는 이렇게 말할 수도 있다.

"그들에게 믿음의 근거를 가르쳐주면 된다. 어떤 의견이 반론으로 설파되는 것을 들어보지 못했다고 해서 반드시 그 의견을 따라야 한다고 말할 수는 없다. 기하학을 배우는 사람들은 단순히 정리定理만을 외우는 것이 아니다. 이에 못지않게 입증하는 방법에 대해서도 배우고 이해해야 한다. 따라서 누군가가 기하학적 진리의 기초를 부정하면서 반박하는 것을 들어보지 못했다는 이유로 그들이 그 기초도 모른다고 단정하는 건 터무니없을 것이다."

이 사실에는 의심의 여지가 없다. 수학처럼 정답이 단 하나인 문제라면 이런 가르침만으로도 충분할 것이다. 수학적 진리의 특징은 모든 논의가 일방적이다. 따라서 반대가 없고, 반대에 대한 답도 없다. 그러나 의견의 차이가 존재할 수밖에 없는 모든 문제에서는 두 가지 대립하는 의견들 사이에서 균형을 찾아야만

한다. 자연과학에서도 항상 똑같은 사실에 대해 다른 설명이 제기될 수 있다. 가령, 지동설 대신에 천동설이 있었고, 산소설 대신에 플로지스톤설phlogiston(산소를 발견하기 전까지 가연물 속에 존재한다고 믿어졌던 입자로 연소과정에서 플로지스톤이 다 소모되면 연소과정이 끝난다고 주장하던 과거의 학설이다-옮긴이)이 있었다. 따라서 다른 주장이 왜 진리가 될 수 없는지 증명해 보여야 한다. 이것이 증명되고, 그 증명을 이해하기 전까지는 우리가 옳다고 주장하는 근거를 이해했다고 말할 수 없다. 그러나 도덕, 종교, 정치, 사회관계, 삶의 문제 등 한없이 복잡한 문제를 다룰 때는 논쟁을 벌이는 그 모든 의견의 4분의 3은 그 의견과 전혀 다른 것처럼 보이는 의견을 없애는 데 집중한다. 단 한 사람(고대 그리스의 최고 웅변가로 손꼽히는 데모스테네스Demosthenes(BC 384-BC 322)를 가리키는 것으로 보인다-옮긴이)을 제외하고 고대 최고의 웅변가였던 키케로Marcus Tullius Cicero(BC 106-BC 43, 고대 로마의 보수파 정치가로서 카이사르와 반목하여 정계에서 쫓겨나 문필에 종사했다-옮긴이)는 항상 자기주장을 연구하는 것만큼이나 상대방의 주장을 일정 정도 연구한 것으로 알려져 있다. 따라서 진리에 도달하기 위해 어떤 주제를 연구하고자 하는 사람이라면 키케로가 변론을 성공으로 이끌기 위해 실천한 방법을 따라 해볼 필요가 있다. 자기 분야만 아는 사람은 실은 그 분야에 대해서도 거의 알지 못하는 사람이다. 그가 제시하는 근거가 타당할 수도 있고, 아무도 쉽사리 반박할 수 없을지도 모른다. 그러나 그가 반대편에서 내세우는 근거를 똑같이 반박할 수 없다면, 또 그것이 무엇인지 제대로 알고 있지 못하다면 어느 쪽의 의견을 선호할 근거를 가질 수 없게 된다. 이럴 경우, 판단을 멈추는 게 합리적일 것이다. 그게 마음에 들지 않으면 권위 있는 사람의 말을 따르거나, 보통 사람처럼 가장 마음이 끌리는 쪽을 선택하면 된다. 그러나 상대편의 논리적 근거들을 경청할 때 자기 쪽 스승들이 그들의 관점에서 해석한 근거를 바탕으로 반박한 논리를 듣는 것만으로는 별다른 효과를 얻을 수 없다. 그렇게 하다가는 상대편 주장을 공정하게 판단할 수도 없거니와 자기 마음에 와닿지도 않는다. 그는 실제로 그런 주장을 믿고 있는 사람들, 심혈을 기울여 그런 주장을 옹호하고 최선을 다하는 사람들의 이야기를 직접 들어봐야 한다. 가장 그럴싸하고 설득력 있는 주장이 무엇인지 알고 있어야 한다. 그리고 그 문제의 참된 견해가 어떤 어려움에 부딪혔고, 또 해결되었는지, 그 모든 문제와 관련해 어려움을 파악해야 한다. 그렇지 않으면 진리가 무엇인지 결코 깨달을 수 없다. 백에 아흔아홉은 대개 그런 사람들이다. 오늘날 지식인이라고 하는 사람들이나 자신의 의견을 거침없이 피력하는 사람들 모두 다르지 않다. 그들이 내린 결론이 타당할지는 몰라도 그들이 알고 있는 논거는 틀릴 수도 있다. 그들은 자기들과 생각이 다른 사람들의 속내를 깊이 들여다보고 그들이 무슨 말을 할지 숙고해보지 않았다. 그 결과, 자신들이 주장하는 원칙을 논할 때조차 그 말에 담긴 본래의 뜻을 제대로 안다고 할 수 없게 된 것이다. 그들은 자신들이 내세우는 주장 중 일부가 그 나머지 주장을 설명하고 정당화해준다는 것을 알지 못한다. 말하자면, 얼핏 봐서는 상대방과 충돌하는 것처럼 보이는 어떤 사실에 서로 일치하는 측면이 있다거나, 또는 두 가지 유력한 근거 중 하나는 선호되고, 다른 하나는 선호되지 않을 수밖에 없는 여러 고려 사항을 파악하지 못하는 탓에 판단을 내리는 데 어려움이 생기고 만다.

정통한 지식을 갖춘 사람의 판단을 명백히 비추어 그 생각을 확정해주는 모든 진리, 바로 그런 진리에 대해 사람들이 전혀 모르고 있어서다. 비록 그 진리가 지금까지는 완전히 알려지지 않았더라도 양쪽 주장에 똑같이 귀를 기울이고, 모든 것을 고려해 그 근거를 살펴보려고 전심전력을 기울이는 사람들에게는 드러나는 법이다. 그렇기에 도덕과 인간의 문제를 진정으로 이해하려면 이만한 방법도 없다. 행여 그 모든 중요한 진리에 반대론을 펼치는 자가 없다면 상상력을 동원해서라도 반대자를 마음에 그리고, 그들에게 가장 노련한 시성 조사역이 생각해낼 만한 온갖 논리를 제공해야 한다.

이렇게 생각하는 사람들의 힘을 약화하기 위해, 자유로운 토론을 반대하는 사람들은 일반 사람이 어떤 주장을 펼칠 때 그들의 의견을 둘러싼 찬반양론을 철학자와 신학자만큼 자세히 알 필요는 없다고 주장할지도 모른다. 또는 상대편 진영의 똑똑한 사람들이 늘어놓는 그릇된 진술이나 오류와 관련해서도 자세히 알 필요가 없다고 말할 수도 있다. 그러한 진술이나 오류를 바로

잡아줄 사람이 있는 경우, 무지한 사람들을 잘못 인도하지만 않으면 괜찮다고 말할 수도 있다. 어수룩한 일반 사람들은 진리에 대한 명백한 근거를 주입받고, 그 외 나머지는 권위자들을 믿고 따르기만 하면 된다. 게다가 어려운 문제를 해결할 지식이나 능력이 없음을 잘 아는 이상, 어려운 문제가 제기되면 특별히 훈련받은 사람들이 지금껏 잘 대처해왔고, 앞으로도 계속 그럴 수 있다고 믿고서 안심할 수 있다.

백번 양보해서 이런 사람들이 신념을 따를 수 있을 만큼 최소한으로 진리를 이해하게 되어도 쉽게 만족하긴 하지만 자유로운 토론의 필요성은 조금도 줄지 않는다. 그 이유는, 자유 토론을 반대하는 이들조차 어떤 의견에 만족스러운 반론을 제기했다는 확신이 존재해야 한다고 생각하기 때문이다. 그러나 답변이 필요한 문제가 전혀 논의되지 않는다면 어떻게 비판에 대해 답변할 수 있겠는가? 또는 반대 의견을 제기하는 쪽에서 그 답변이 불만족스럽다는 점을 알게 해줄 기회가 없다면 그 대답이 만족스러운지 어떻게 알 수 있겠는가? 일반 대중이라면 모를까, 적어도 그런 문제를 해결해야 하는 철학자들이나 신학자들은 그런 어려운 질문들을 훤히 꿰뚫고 있어야 한다. 물론 이를 잘 안다고 해도 어려운 문제를 자유롭게 토론할 수 없다면, 그리고 가장 유리한 환경이 조성되지 않는 한 그런 상태에 이르기 어려울 것이다. 가톨릭교회는 이 어려운 문제를 독자적인 방식으로 처리해왔다. 바로 확신에 근거하여 교리를 받아들일 수 있는 사람들과 믿음에 따라 무조건 교리를 수용하는 사람들을 명백하게 구별하는 것이다. 물론 그 어느 쪽도 각자가 무엇을 받아들일지 선택할 수는 없다. 그러나 적어도 전적으로 신뢰받는 성직자들은 반대편의 주장에 답변할 수 있도록 그들의 논거를 충분히 아는 것이 바람직하게 여겨져서 이단이 쓴 책을 읽는 것이 허용된다. 그러나 평신도들은 특별 허가를 받지 않는 한 그렇게 할 수 없다. 이러한 규율은 적의 주장을 잘 아는 것이 지도자에게는 유익하다고 인정하면서도 나머지 사람들에게는 상대편 주장을 인정하지 않는 수단을 마련하는 셈이다. 이처럼 소수 엘리트에게는 정신적 자유까지는 아니더라도 지적 교양을 쌓을 수 있게 해준다. 이런 방법을 통해 가톨릭교회는 목표했던 대로 지적 우월성을 확보하는 데 성공한다. 정신의 자유가 허용되지 않는 문화였던 만큼, 정신적 도량이 크고 자유롭지는 않았지만 어떤 주의의 열렬한 주창자로 만들어낼 수는 있었으니까. 그러나 개신교를 믿는 나라에서는 이런 방법이 허용되지 않는다. 개신교도는 적어도 이론상으로는 종교 선택의 자유는 개인이 짊어져야 할 책임이기에 스승에게 전가될 수 없다고 주장하기 때문이다. 더욱이 오늘날 현실적으로 교육받은 사람들이 읽는 글을 교육받지 못한 이들에게는 금지하는 것 자체가 가능하지도 않다. 만약 인류의 스승으로서 마땅히 알아야 할 모든 것을 알 수 있으려면 어떤 글이든 자유롭게 쓰고 아무런 제약 없이 출판되어야 한다.

이미 받아들여진 주장이 사실일 때, 자유로운 토론을 하지 않음으로써 악영향을 미치는 작용이 그저 사람들이 그 주장의 근거를 알지 못하게 되는 것뿐이라면, 자유 토론의 결여는 지적으로는 폐해가 될 수 있어도 도덕적으로는 유해하지 않을 수 있다. 또한 인간의 성격에 미치는 영향의 측면에서도 그 주장이 내세우는 가치에도 크게 손상을 가하지 않는다고 볼 수 있다. 그러나 자유로운 토론이 없다면 단순히 그 의견의 근거를 모르게 되는 것뿐만이 아니라 의견 자체의 의미를 망각하게 된다. 의견을 전달하는 단어들이 여러 생각을 제시하지 못하거나, 아니면 처음 전달하려고 했던 생각 중 일부만을 옮길 수 있게 된다. 생생한 개념과 강한 신념 대신 기계적으로 외운 문구 몇 개만 남게 되는 것이다. 게다가 남아 있는 구절마저도 중요한 알맹이는 쏙 빠지고 껍질만 남게 된다. 이 사실로 가득 채워진 인류 역사의 중요한 장은 철저하게 연구와 숙고가 이루어져야 한다.

이러한 사실은 거의 모든 윤리적 이론과 종교적 신념을 경험하는 과정에서 잘 드러난다. 그런 이론이나 신념들은 그것을 창시한 사람들, 또는 그 직계 제자들에게는 특별한 의미와 영속성을 지닌다. 자신들의 이론이나 신념이 다른 것보다 우위에 서기 위한 투쟁이 지속되는 동안에는 그 의미를 더욱 강렬하게 느낄 것이다. 결국 그것은 세력을 확장해 다수의 마음을 파고들어서 일반 통념으로 변하거나, 혹은 더 이상으로는 발전하지 못할 수도 있다. 다시 말해, 그 주장을 뒷받침할 근거는 유지하되 그 이상으로 세를 불릴 수 없게 되는 것이다. 어느 쪽으로 결론이 나든, 이런 문제를 둘러싼 논쟁은 점차 활기를 잃고 잊힌다. 그러다가 주류 사상은 아니더라도 일부 사람에 의해 한 분파로 자리매김하게 된다. 이와 같은 교의를 신봉하는 사람들은 일반적으로 물려받은 것이지 자신들의 선택으로 받아들인 것이 아니다. 따라서 신앙에 앞장선 사람들에게 다른 쪽으로 전향하거나 개종하는 것은 오늘날뿐만 아니라 과거에도 거의 생각할 수 없는 일이다. 처음 그랬듯 세상에 대고 자기 자신을 변호하거나 세상을 자기 쪽으로 끌어오기 위해 빈틈없이 경계하는 대신, 묵인하는 쪽으로 누그러지고 할 수만 있다면 반대편 주장에는 귀를 틀어막는다. 그렇다고 이견을 가진 자에 대항해 발톱을 세우지도 않는다. 대체로 이와 같은 시기부터 그 이론이나 교의의 활기가 줄어들기 시작하는 것이다. 우리는 가끔 이런저런 신념을 설파하는 사람들이 호소하는 어려움을 듣게 된다. 그들은 말한다. 그 교의를 믿는 사람들의 마음에 그들이 그저 이름 정도만 알고 있는 진리를 깊이 각인시켜 진심으로 어떤 행동이 우러나오기를 바라지만, 그 일이 무척이나 힘에 부친다는 것이다. 어떤 신념이든 그 존재를 알리기 위해 투쟁하는 동안에는 그런 어려움을 느끼지 않는다. 비교적 세력이 약하더라도 그런 경우에는 자신이 무엇을 위해 싸우는지 알며, 다른 교리와의 차이도 느끼게 된다. 그러므로 그런 시기에는 적잖은 수의 신봉자가 모든 형태의 사상 속에 그 신조의 근본 원리가 있음을 깨닫고, 그 원리들이 지닌 중요한 의미들을 전방위에서 재보고 검토하게 된다. 또한 신념에 흠뻑 젖어 있는 사람은 그 신념이 자신의 인격과 성품에 미치는 영향을 깊이 경험한다. 하지만 그것이 대물림되면서 수동적으로 받아들여지게 되면 ─ 마음속에서 그 신념이 제시하는 여러 물음에 초창기처럼 열성을 발휘하지 않으면 ─ 점차 형식을 제외한 나머지 모든 것을 잊게 되거나, 아니면 무감각하게 수용하는 경향이 생긴다. 마치 그 신념을 더는 의식 속에서 깨달을 필요도 없고, 개인적 경험을 통해 검증할 필요도 없다는 듯이 그냥 무조건 받아들이는 것이다. 그러다가 결국 인간의 내적 삶과는 아무런 관련이 없는 때가 오게 된다. 현대에 와서는 이런 일이 거의 대세라고 봐도 무방할 만큼 너무 빈번하게 일어난다. 이제 그런 신념은 내면 밖에 존재하면서 딱딱한 외피를 형성하고 인간 본성의 더 높은 부분에 호소하는 다른 모든 영향이 스며들지 못하게 차단한다. 다시 말해, 어떤 새롭고도 강력한 확신이 우리 내면에 들어오지 못하게 경계하면서 우리의 마음과 정신을 공허하게 만드는 것 말고는 아무런 힘도 발휘하지 못하게 만드는 것이다.

본래 사람을 감화시키는 데 가장 탁월한 것으로 여겨지던 여러 교리가 어느 정도로 인간의 상상과 감정 속에서, 혹은 지성으로 꽃을 피우지 못하고 그저 죽은 신념이 되고 말았는지 확인하려면 기독교 신자 대다수가 교리를 섬기는 태도를 보면 알 수 있다. 여기서 내가 말하는 기독교는 모든 교회와 분파가 믿는 것, 즉《신약성경》에 기록된 계율과 원리를 의미하는 것이다. 그 계율과 원리는 기독교도라고 말하는 모든 신자가 신성한 것으로 믿으며 율법으로 받아들이는 것이다. 그러나 이러한 율법에 따라 자기 행동을 다스리고 검증하는 기독교도는 1,000명 중 1명도 없다고 말해도 과언은 아닐 것이다. 실제로 그가 자기 행동의 원칙으로 삼는 기준은 그의 국민, 계급 또는 교계의 관습이다. 따라서 그는 한편으로는 자기 행동을 규율하기 위한 원칙으로서 '절대적인 지혜'가 그에게 허락했다고 믿는 윤리적 계율을 따른다. 그러나 다른 한편으로는 그 계율과 부합되지만, 다른 계율과는 아주 많이 합치되지 않거나, 또는 그 반대편에 있는 일상적인 판단과 관행에 맞춰 살아가는 것으로 볼 수 있다. 이는 전체적으로 기독교적 믿음과 세속적 삶의 절충이라고 볼 수 있다. 윤리적 계율에서는 경의를 표하지만, 실제 삶을 살아가는 기준으로 삼는 것은 어디까지나 일상생활의 규범인 셈이다. 모든 기독교도에게는 다음과 같은 믿음이 존재한다. 가난하고 겸손하며 세상에서 버림받은 자는 축복을 받는다. 부자가 천국에 가기란 낙타가 바늘구멍에 들어가기보다 더 어렵다. 심판을 받지 않으려면 심판하지 말라. 함부로 맹세해서도 안 되며, 이웃을 자기 몸처럼 사랑하라. 누가 속옷을 가지려거든 겉옷까지 내주어라. 내일 일은 걱정하지 말라. 누구든 완전해지고 싶으면 가진 것을 모두 팔아 가난한 자에게 주어라. 기독교도들이 이런 계율을 믿는다고 해서 그들이 가식적이라고 말하는 것은 아니다. 사람들이 항상 칭송받는 일을 들으면서 아무 거리낌 없이 그걸 믿는 것처럼 기독교도들 역시 계율을 믿는 것뿐이다. 살아 있는 믿음이라면 행동을 규율할 수 있어야 하지만, 그들은 이 교리를 바탕으로 행동할 수 있는 선에서 적당히 믿는다. 온전한 의미에서 교리라는 것은 적을 공격하는 데 도움 될 수 있다. 그리고 세상 사람들이 칭송할 만한 일을 행하는 이유로 (가능하다면) 제시되어야 하는 한다고 생각해볼 수 있다. 그러나 만약 누군가가 나서서 그 계율은 기독교도가 꿈에도 생각해본 적이 없는 것들을 실천하도록 요구하고 있다고 일깨운다면 아무런 실익을 얻지 못할 것이다. 그저 사람들 앞에서 잘난 척하는 인물로 몰리게 될 뿐이다. 그 교리는 일반 평신도들에게 특별히 영향을 미치지 않는다. 다시 말해 그들의 마음속에서 아무런 구속력이 없다. 교리를 들을 때마다 습관적으로 존경을 보내기는 하지만, 그 가르침 하나하나를 마음에 새기며 진심으로 실천에 옮기지는 않는다. 어떨 때는 주변을 둘러보며 그들이 어느 정도까지 그리스도의 가르침을 따라야 하는지 알려줄 사람을 찾는다.

물론, 초기 기독교 신자들은 그렇지 않았으리라 분명히 확신할 수 있다. 만약 그때나 지금이나 비슷했다면, 기독교가 저 멸시받은 유대인들의 이름 없는 종파에서 로마 제국의 종교로까지 뻗어나가지 못했을 것이다. 당시 기독교를 박해하던 사람들이 "저들이 서로 얼마나 사랑하는지 보라!"라고 말했다는 걸 보면 (오늘날에는 누구도 그렇게 말하는 사람은 없을 것이다), 그들은 확실히 그 이후의 기독교도들보다는 그 신념의 의미를 음미하면서 더

뜨거운 감정을 느꼈을 것이다. 1800년이라는 세월이 지났음에도 기독교가 오늘날 그 세력을 더 확장하지 못하고 여전히 거의 유럽인들과 그 후손들에게만 국한되어 있는 이유는 바로 그런 신념을 잃어버렸기 때문이라고 생각한다. 심지어 일반인들보다 자신들의 교리에 더 진지하고 엄격한 계율을 따르는 신자들도 대체로 그 믿음의 가장 활발한 부분은 칼뱅Jean Calvin(1509-1564, 프랑스의 신학자이자 종교 개혁가이다-옮긴이)이나 녹스Jon Knox(1514-1572, 스코틀랜드의 종교 개혁가이자 정치가이다-옮긴이) 혹은 훨씬 더 자신들과 가까운 인물들에게서 더 많이 영향을 받는다. 그리스도의 말은 그들 마음속에서 수동적으로만 공존할 뿐 별다른 특징 없이 정감 가는 가르침 이상으로 영향력을 미치지 않는다. 한 종파의 상징인 어떤 교리가 공인된 종파의 통합된 교리보다 더 활력이 넘치는 이유는 무엇일까? 왜 교리의 존속을 위해 전도사들이 더 많은 고통을 감내해야 할까? 거기에는 모두 그럴 만한 이유가 있다. 그중 가장 확실한 이유는 다른 교리를 설파하는 독특한 종파일수록 더 많은 의문이 제기되는 탓에 공개적으로 반론을 제기하는 사람들에 맞서 더 자주 의견을 표명해야 한다는 것이다. 싸움터에서 적군이 사라지면 가르치는 사람이나 배우는 사람이나 드러누워 잠들게 마련 아니겠는가.

일반적으로 말해서 모든 전통적인 교리, 즉 도덕이나 종교는 물론이고 사리 분별이나 삶의 지혜 등에서도 똑같은 진리가 발견된다. 모든 언어와 문학은 인생이란 무엇인가, 사람은 어떻게 살아야 하는가와 같은 삶에 관한 개설概說로 가득하다. 모든 사람이 알고 있고, 누구나 되풀이하거나 묵묵히 듣는 것, 뻔한 사실이지만 대부분 사람이 고통스러운 경험을 통해 처음으로 참된 의미를 알게 되는 그런 경험적 지식 말이다. 우리는 뜻밖의 불행이나 실망스러운 일로 속이 쓰릴 때 평소 익숙한 속담이나 격언을 곧잘 떠올린다. 만약 그 말들이 던진 의미를 오래전부터 느꼈더라면 그런 불행은 피할 수 있었을 텐데. 물론 그렇게 된 데에는 토론이 없었다는 것 말고도 또 다른 이유가 있다. 세상의 진리는 사람들이 직접 경험하지 않고는 그 참뜻을 깨닫기 어려운 것이 많다는 점이다. 그러나 그가 평소 그 참뜻을 잘 아는 사람들이 벌이는 토론을 경청했더라면 그 뜻을 더 잘 이해하고 마음속에 아로새겼을 것이다. 인간에게는 어떤 사안을 둘러싼 의문이 사라지면 더는 그 문제에 대해 생각하지 않으려는 습성이 있다. 그런데 이것이야말로 치명적인 경향이 아닐 수 없다. 인류가 저지르는 오류의 절반이 그런 성향에서 비롯하기 때문이다. 현대의 어떤 작가가 남긴 '확실한 결론은 깊은 잠에 빠진다'라는 말은 정말 정곡을 찌른 표현이 아닐 수 없다.

하지만 그게 무슨 소리냐고 반문하는 사람도 있을 수 있다. 만장일치가 없어야 참된 지식을 얻을 수 있다고? 누군가가 진리를 깨달으려면 항상 잘못된 주장을 고집해야 한단 말인가? 하나의 신념이 일반적으로 인정되면 그 즉시 진실성과 중요성이 없어진다는 건가? 의심의 여지를 남겨야 완전히 이해되고 체감할 수 있다는 것인가? 사람들이 만장일치로 어떤 생각을 진리로 받아들이면 그 순간부터 그 진리는 사라진다는 걸까? 지금까지는 지식이 진보하면서 달성하게 되는 최고 목적과 최선의 결과는 중요한 진리를 중심으로 인류를 더욱 단결시켰다고 믿어왔다. 그런데도 목표 달성에 실패해야만 인간의 지식이 존속할 수 있다고 이야기하는 것인가? 완전하게 승리하면 그 승리의 열매는 사라진다는 말인가?

나는 그런 말을 하는 게 아니다. 당연히 인류가 진보를 거듭하면서 더는 논쟁을 벌이지 않고 의문을 품지 않는 교리의 수는 늘어날 것이다. 또한 인간의 행복은 논란의 여지가 없는 진리가 얼마나 많으며, 또 중요한지에 따라 인식될 수도 있을 것이다. 심각한 논란을 둘러싼 질문 공세가 멈추는 것은 의견이 통일되어가는 과정에서 필요한 일 중 하나다. 그러나 의견의 통합이 참된 의견이라면 바람직하겠지만 잘못된 생각이라면 위험하고 해가 될 것이다. 의견의 차이가 좁혀진다는 것이 불가피한 동시에 불가결한 일이기는 하더라도, 모든 결과가 유익하다고 결론지을 수는 없다. 우리는 반대편에 선 사람들의 비판에 맞서 어떤 한 진리를 설명하거나 방어할 때 그러한 진리를 더 생생하고 깊이 있게 이해할 수 있게 된다. 그런데 그 진리가 보편적으로 인정받으면서 우리의 이해에 도움을 주는 그런 기회를 놓친다면, 그로 말미암아 얻게 되는 이익이 상당히 줄어들 가능성도 있다. 이러한 이익을 더는 기대할 수 없다면, 나는 인류의 위대한 스승들이 그 이익을 대신할 대안을 찾기 위해 노력해주기를 바란다. 말하자면, 마치 다수의 의견에 반기를 든 어떤 사람이 골치 아픈 문제를 투척하는 것처럼 그들이 가르치는 사람들의 의식 속에 그런 어려운 문제를 생생하게 보여줄 어떤 장치를 마련해주길 바라는 것이다.

그러나 그들은 목적 달성에 필요한 방안을 모색하기는커녕 과거의 장치마저도 상실하고 말았다. 플라톤의《대화편》에 훌륭하게 예시로 소개된 소크라테스의 변증법이 바로 그러한 장치 중 하나였다. 그 변증법은 근본적으로 철학과 인생에 관한 핵심적인 문제에 관한 부정형 질문으로 엮은 토론이었다. 이것은 사람들이 일반적으로 인정하는 어떤 의견을 비판 없이 수용할 때 그가 그 문제를 이해하지 못했다는 점, 즉 그가 떠들어대는 신조의 정확한 의미를 모른다는 사실을 일깨워 자신의 무지를 깨닫게 하는 한편, 그 의미와 논거에 대한 명확한 이해를 근거로 확고한 신념을 가질 수 있도록 노련한 솜씨로 이끄는 것이었다. 중세의 학교에서 벌어진 변론 수업도 그 목적이 이와 꽤 비슷했다. 이는 학생들이 자기 의견과 (그 의견과 연관성이 있는) 반대되는 의견을 이해할 수 있도록 하면서 동시에 자기 의견의 논거를 강화하고 상대방의 반론에 반박할 수 있게 하는 방식이었다. 그러나 이 변론 수업은 그 전제가 이성이 아닌 권위에 호소했다는 점에서 근본적인 결함을 안고 있었다. 더불어 사람의 정신을 단련한다는 점에서도 이 방법은 '소크라테스학파'의 철학을 형성한 저 강력한 변증법을 따라갈 수는 없었다. 그러나 근대정신이 이 두 가지 방법에서 받은 영향은 우리가 인정하는 것보다 훨씬 크다. 게다가 오늘날 행하고 있는 교육 방식도 이 두 가지를 대신할 만한 게 없을 정도다. 선생이나 책을 통해 지식을 주입받은 사람은 머릿속에 주입식으로 쑤셔놓은 지식에 만족하려는 유혹에서는 벗어날 수 있다고 하더라도 문제가 되는 양쪽 사안에 귀를 기울여야 할 필요는 없다고 느낀다. 그렇다 보니 보통 사람은 말할 것도 없고 심지어 사상가들조차 양쪽 의견을 두루 아는 경우는 매우 드물다. 사람 대부분이 상대방의 비판에 자기 의견을 옹호하려 할 때 가장 약점을 보이는 부분도 바로 이 때문이다. 오늘날에는 부정적 논리, 즉 적극적으로 진리를 밝혀내려고 하지 않고 이론상의 약점이나 실천상의 잘못을 지적하는 논리를 깎아내리는 것이 하나의 유해처럼 되어가고 있다. 이런 부정적 비판은 궁극적인 결과만을 놓고 본다면 보잘것없다. 하지만 이름에 걸맞은 모든 긍정적 지식이나 확신에 도달하는 수단으로서는 비할 바 없이 소중하다. 따라서 사람들이 다시 체계적으로 그런 부정적 논리를 익히지 않으면 위대한 사상가가 나오기 어렵다. 아울러 수학과 물리학 분야를 제외하면 보통 사람들의 지적 수준 또한 낮아질 것이다. 그 어떤 주제에 관한 의견도 다른 사람이 시비를 걸었든 자기 자신이 따져 물었든 간에, 반대편에 있는 자와 적극적으로 논쟁을 벌이는 과정 없이는 명실상부한 지식이 될 수 없다. 이와 같은 과정은 없어져서도 안 되고, 일단 없어지고 나면 다시 돌리기가 무척 어려운 일인데 엄연히 존재하는 논쟁의 기회를 날려버린다면 얼마나 어리석은 일이겠는가! 만약 누군가가 일반적인 통념에 이의를 제기하거나, 법과 여론이 허용하는 범위에서 그렇게 해준다면 그에게 고마워해야 할 것이다. 우리는 마음의 문을 열고 그들에게 귀를 기울여야 한다. 우리 신념에 확신과 활력을 느끼고 있는 한, 엄청난 노력을 들여서라도 우리가 해야 할 일을 우리를 대신해 이룩하게 해줄 사람이 있다는 사실에 기뻐하자.

다양한 의견이 우리에게 이익을 주고, 또 현재로서는 까마득히 먼 미래의 일처럼 보이는 높은 지적 수준에 인류가 도달할 때까지 계속될 중요한 이유 중 하나를 아직 이야기하지 못했다. 우리는 지금까지 두 가지 가능성만을 검토해왔다. 일반적인 통념이 틀린 것일 수 있고, 결과적으로 다른 의견이 진리일 수 있다는 가능성, 또는 통설이 진리일 경우 그 반대 의견이 틀릴 가능성이 있으나 진리를 더욱 명확하게 이해하고 깊이 깨닫기 위해서는 반대 진영의 오류와 논쟁을 벌이는 것이 불가피하리라는 가능성이다. 그러나 서로 대립하는 두 주장의 진위는 확실하게 구분되지 않고 일정 부분 진리를 공유하는 경우가 더 일반적이다. 이런 경우, 일반적 통념이 다 채우지 못하는 나머지 진리를 보완하기 위해 반대 의견이 필요하다. 감각적으로 이해할 수 없는 주제를 둘러싼 대중의 의견이 일반적으로 진리인 경우도 있지만 전적으로 진리인 경우는 거의 없거나 아예 없다. 그런 의견은 진리의 일부에 불과하다. 상황에 따라 진리가 더 많은 부분을 차지하거나 더 적게 차지할 수는 있어도 전반적으로 과장되거나 왜곡되어 있어서 진리와 상당히 거리가 있다. 반면 이단적인 주장은 일반적으로 억눌리고 무시당한 진리의 일부가 그것을 억압했던 굴레에서 벗어나 기존 통념에 포함된 진리와 조화를 이뤄보려고 하거나, 아니면 그것을 적대시하여 통념과 마찬가지로 자기만이 유일한 진리라고 자처한다. 지금까지는 후자의 경우가 더 자주 발생했다. 인간의 마음은 언제나 일면성이 원칙이었고 다면성은 예외로 인식되어왔기 때문인데, 그 결과 사상혁명의 와중에도 일부 진리가 떠오르면 진리의 또 다른 일부는 힘을 잃는 경우가 흔하다. 심지어 진보조차 새것을 보태기는커녕 대부분 부분적이고 불완전한 진리를 다른 진리로 대체하는 것에 불과하다. 또 개선도 주로 이런 요소로 구성된다. 즉 진리의 새로운 일부분이 더 많이 요구되고, 또 시대의 요구에 더 적합하게 되면 대체되는 것, 그것이 개선이다. 다수가 인정하는 의견이 비록 올바른 기초에 근거하더라도 이렇듯 부분적인 진리만을 가지고 있기에 그런 통념에서 빠진 진리의 한 부분을 구현하고 있는 다른 모든 의견은 소중히 다뤄져야 한다. 설령 이로 말미암아 진리에 많은 오류와 모순이 섞이더라도 마찬가지다. 세상일을 냉정하게 바라볼 줄 아는 사람이라면 그 누구도, 자칫 우리가 놓칠 뻔한 진리를 우리에게 경고해준 사람이 이번에는 우리가 아는 진리 중 일부를 간과했다는 이유로 그에게 화를 내는 일은 없을 것이다.

오히려 그는 다수의 의견이 일방적인 한, 인기 없는 의견 역시 일방적으로 주장하는 것이 그렇지 않은 경우보다 더 바람직하다고 생각할지도 모른다. 왜냐하면 그런 소수의 주장은 비록 비주류라고 하더라도 목소리가 크게 마련이고, 마치 자신들의 주장이 유일 진리인 것처럼 떠들어대는 진리의 한 편에서 사람들이 억지로라도 주목하게 될 가능성이 크기 때문이다.

18세기에는 거의 모든 지식인과 그들이 이끌어가는 배우지 못한 사람 대다수가 이른바 문명과 근대 과학, 문학, 그리고 철학의 경이로운 업적을 깊이 흠모한 탓에 근대인들과 고대인들 사이에서 드러나는 비유사성을 근대에 유리하게 과대평가함으로써 고대보다 근대가 더 낫다는 신념에 빠져 있었다. 그런데 루소의 역설the paradoxes of Rousseau이 대중 한복판에 폭탄처럼 터지며 충격을 안겼다. 이는 일방적인 의견을 가진 대중의 의견을 혼란에 빠뜨려 생각에 새로운 요소를 더해 더 나은 형태로 재구성할 수 있도록 했다. 물론, 오늘날의 견해들이 대체로 루소의 주장보다 진리에서 멀어진 것은 아니었다. 오히려 진리에 더 가까웠다. 확실한 진리가 더 담겨 있었고, 오류는 더 줄어들었다. 그러나 루소의 주장과 그것을 따르는 여론의 흐름에는 다수의 의견에서 빠져 미흡해진 상당한 양의 진리가 포함되어 있었다. 이는 마치 홍수가 빠지고 가라앉아 있던 침전물이 드러나는 것과 같았다. 루소가 책을 쓴 이래 단순한 삶이 가져다주는 귀한 가치와 인위적인 사회의 속박과 위선이 얼마나 인간을 나약하게 만들고 활력을 빼앗아 갔는지 품위와 폭넓은 지식을 쌓은 교양인들의 마음속에서 떠난 적이 있었다. 루소가 남긴 사상적 영향은 지금도 중요한 가치를 지니고 있지만, 시간이 흐를수록 그 효과는 더 크게 나타날 것이다. 특히 이제는 그 힘을 잃어버린 말 대신 행동으로 보여줘야 할 것이다.

정치에서도 이제는 질서나 안정을 추구하는 정당과 진보와 개혁을 주장하는 정당 모두 공존하는 것이 건전한 정치적 삶을 위해 필요하다는 생각이 거의 상식으로 굳어졌다. 어느 쪽이든 이해력을 더 넓혀 바꿔야 할 것과 지켜야 할 것을 잘 구별하여 질서와 진보를 포용할 수 있을 때까지는 두 정당 모두 필요할 것이다. 이 두 가지 사고방식은 서로 다른 상대방에게 결점이 존재한다는 점에서 그 가치를 지닌다. 바로 상대편이 존재하기 때문에 양쪽 모두 이성과 온전한 정신을 유지할 수 있는 것이다. 민주주의와 귀족주의, 사유재산과 평등, 협력과 경쟁, 사치와 절제, 사회성과 개별성, 자유와 규율, 그 밖에 실생활에서 벌어지는 모든 상반된 주장에 유리한 의견들이 공평하고 자유롭게 표출되고, 그런 의견을 마찬가지로 재기발랄하게 강력히 주장하고 옹호하고 나서지 않는다면 각 주장에 담긴 진의가 정당한 결과를 얻을 수 없게 된다. 저울의 한쪽 추가 올라가면 반대편 추는 내려가게 마련이다. 인생을 살아가면서 경험하는 이런저런 일에서 진리는 대체로 서로 대립하는 것을 조정하고 결합하는 과정에서 나타난다. 그러나 올바른 타협점을 찾아낼 정도로 포용력과 공정한 마음을 가진 사람은 흔치 않다. 그래서 결국 서로 적대적인 깃발 아래 모인 양쪽 진영이 치열하게 싸우고 나서야 진리에 도달하게 되는 것이다. 바로 위에서 거론한 중요한 미해결 문제 중 하나와 관련해, 두 가지 의견 중 어느 하나가 단순히 용인되는 정도가 아니라 더 장려되고 더 지지받는 주장이라고 해도, 그것은 특정 시대와 장소에서 소수의 사람에게나 일어나는 일이다. 또한 그것은 일정 기간에만 소외된 이익, 자기 몫을 챙기지 못하게 될 인간의 안녕을 대변한다. 나는 영국에서는 위에 열거한 문제 대부분을 놓고 생각이 다르다고 해서 억압하는 일이 없다는 것을 잘 안다. 그것들은 (이런 사례들이 인정되고 늘어남으로써) 현재 인간이 누리고 있는 지적 수준에서 진리의 모든 측면이 공정하게 다뤄질 기회는 오직 다양한 의견을 통해서만 존재할 수 있다는 보편적인 사실을 보여주기 위해 제시된 것이었다. 어떤 문제에서든 세상의 통념에 불복하는 사람들이 있다. 비록 세상 사람의 의견이 옳다고 해도 그런 반론에는 들어볼 만한 내용이 있다. 그들의 입을 다물게 할 때 진리가 손상될 수 있음을 잊어서는 안 된다.

다음과 같은 반론이 제기될 수 있다.

보편 통념 중 어떤 것, 특히 가장 최고이며, 가장 중요한 주제를 다루는 것들은 절반 이상의 진리를 담고 있다. 가령, 기독교의 도덕률은 그 문제에 관한 한 전적으로 옳은 것이다. 만약 그것과 다른 도덕률을 가르친다면 누군가는 완전히 오류를 범한 것이다. 이런 주장은 실제 우리 삶에서 중요한 사례이므로 보편 원칙을 검증하는 데 이보다 더 적절한 것은 없을 것이다. 그러나 무엇이 기독교 도덕률인지를 확인해보기 전에, 기독교 도덕률이 무엇을 뜻하는지 따져보는 것이 바람직할 것이다. 만약 그것이 《신약성경》의 도덕을 의미한다면 《신약성경》 그 자체에서 기독교 도덕에 관한 지식을 습득한 사람이 과연 그 책이 하나의 완전한 교리로 공표된 것인지, 또는 그런 의도로 쓰였다고 가정할 수 있는지 의문이다. 복음서는 기존 도덕에 주목한다. 그리고 기존 도덕이 좀 더 광범위하고 더 높은 수준의 도덕률에 의해 수정되거나 대체될 필요가 있는 구체적 사항에 국한해 계율을 제시한다. 더욱이 지나치게 포괄적인 말로 표현되어 있어서 때때로 문자 그대로 해석되기 어려운 경우가 많다. 율법의 정확성보다는 시나 웅변에서 느낄 수 있는 강렬한 인상을 자아낸다. 《신약성경》에서 윤리적 교리를 끌어내리려면 《구약성경》에서 부족한 부분을 보완해야 한다. 그런데 《구약성경》은 정교한 짜임새에도 불구하고 여러 면에서 야만적이다. 아니, 실제로 야만적인 사람들을 위해 만들어진 것이기도 하다. 사도 바울은 교리를 유대교식으로 해석하여 예수의 구원 계획을 메우려는 것을 극렬하게 반대했지만, 그 역시도 기존의 도덕인 이른바 그리스인과 로마인의 도덕을 받아들였다. 그가 기독교 신자들에게 건네는 충고만 봐도 노예제도를 명백히 승인할 정도로 그리스와 로마의 도덕을 상당히 수용하고 있음을 알 수 있다. 소위 기독교

도덕이라는 것은 사실 신학적 도덕이라고 불러야 더 타당하지만, 그리스도나 그의 사도들이 한 일이 아니라 그들보다 훨씬 후대에 이르러 가톨릭교회가 초기 500년에 걸쳐 조금씩 확립해나간 체계였다. 비록 현대인들과 신교도들이 맹목적으로 채택한 도덕률은 아니지만, 사실 수정된 부분이 예상보다는 훨씬 적다. 기껏해야 중세 시대에 추가된 내용을 제거하는 대신, 교파별로 각자 성향에 맞는 새로운 내용을 덧붙이는 데 만족한 것이었다. 인류가 이 도덕과 그 초기 지도자들에게 큰 빚을 지고 있다는 사실을 나는 절대 부정하지 않는다. 다만 내가 조금도 망설임 없이 말할 수 있는 부분은, 이 도덕이 여러 중요한 측면에서 불완전하고 일방적이고, 기독교 도덕과 다른 관점의 생각과 감정이 유럽인들의 삶과 성격 형성에 이바지하지 않았다면, 인간사가 지금보다 훨씬 더 열악한 상황이었을 수도 있었다는 점이다. 흔히 말하는 기독교인의 도덕은 반발적 성향이 강하다. 대부분은 이교도 신앙에 대한 반발이다. 그 이상은 긍정적이라기보다 부정적이고, 적극적이지 않고 소극적이다. 고귀함보다는 결백을 중시한다. 선을 열정적으로 추구하는 대신, 악을 뿌리친다. 또한 그 가르침이라고 할 수 있는 계율에는 (잘 알려진 것처럼) '어떤 일을 해서는 안 된다'가 '어떤 일을 하라'는 것보다 압도적으로 많다. 처음 그 도덕은 성욕을 두려워한 나머지 금욕주의를 우상화한 것이었는데, 점차 계율을 따르는 것으로 뜻이 모였다. 기독교 도덕에서는 올바른 삶으로 이끄는 적절한 동기로 천국에 가고 싶은 소망과 지옥에 대한 두려움을 제시한다. 이런 점에서 기독교인들은 고대인들보다 훨씬 더 못한 사람들이 되고 말았다. 자기에게 이익이 되지 않으면 이웃에 대한 의무감에서 벗어남으로써 기본적으로 이기적인 존재로 전락했다. 그것은 한마디로 수동적인 복종의 교리로서 모든 기성 권위에 순종하도록 가르친다. 물론, 권위자가 종교에서 금지하는 것을 명령한다면 누구나 그것을 적극적으로 따를 필요가 없지만, 반란을 일으켜서도 안 되고, 우리 자신에 대한 해악이 아무리 크더라도 그 권위에 저항해서도 안 된다. 이교도 국가 중에서도 도덕률의 경우, 국가에 대한 의무가 지나치게 중시되는 통에 개인의 자유를 침해하기까지 하는데, 순수 기독교 윤리에서는 이와 같은 의무의 중대성은 주목하지도, 인식하지도 않는다. '자기 수하에 더 좋은 사람이 있는데도 그 사람보다 더 못한 사람을 관직에 임명하는 지배자는 신에게 죄를 범하는 것이고 국가에도 죄를 짓는 것이다'라는 말은《신약성경》이 아닌《코란》에 나오는 금언이다. 현대에 와서 대중에 대한 의무가 사람들의 도덕관에 거의 자리를 잡지 못한 것은 기독교에서 비롯한 것이지, 그리스나 로마 시대의 영향이 아니다. 개인의 사생활에서 강조하는 도덕, 이를테면 관대함, 고상함, 개인의 존엄성, 심지어 체면까지 순전히 세속의 교육을 통해 배우는 것이지 종교에서 가르치는 것이 아니다. 복종을 유익한 미덕으로 삼는 기독교 윤리 체계에서는 절대로 생겨날 수 없는 성품이다.

나는 이런 결점들이 어떤 식으로든 기독교 윤리가 본래부터 타고난 불가피한 특성이라고 주장하려는 게 아니다. 기독교 윤리가 완전한 도덕 이론이 되기 위해 반드시 담아야 할 필수 요소가 많기는 해도 그런 요소들이 기독교 윤리와 조화될 여지가 조금도 없다고 주장하려는 것도 아니다. 그리스도 자신의 교리와 계율에 이런 결함이 존재한다는 생각을 교묘하게 불어넣으려는 마음은 더더욱 없다. 나는 오로지 그리스도의 말씀만이 그의 의도를 보여줄 수 있는 증거라고 믿으며, 그의 가르침은 포괄적인 도덕률이 요구하는 그 어떤 것과도 조화를 이룰 수 있다고 생각한다. 그리스도의 가르침에서 현실적인 행동 지침을 도출해 내려는 모든 사람이 그의 말씀을 왜곡하지만 않는다면 윤리학이 제시하는 그 모든 훌륭한 것들은 그리스도의 말씀을 전하고 있다고 믿는다. 그러나 내가 이렇게 믿고 있다고 해도, 그리스도의 가르침이 진리의 일부를 담고 있으며, 사실은 그것이 본래 의도였다고 말한다고 해서 이상한 것이 없다. 기독교 창시자의 설교 기록에는 최고 도덕률에 관한 핵심 요소가 빠져 있는데, 그는 애초에 제시할 생각이 없었을 수도 있다. 게다가 기독교 교회가 그 가르침에 기초하여 확립한 윤리 체계에서도 완전히 배제되었다. 그렇기에 나는 기독교 교리에서 우리 삶의 지침이 될 완전한 규칙을 찾아내겠다고 끈질기게 우기는 것은 중대한 잘못이라고 생각한다. 사실, 그 교리의 창시자는 그와 같은 규칙을 정하고 이행하고 싶어 했지만, 단지 그 일부만을 제시했을 뿐이다.

나 역시 이 편협한 이론이 오늘날 수많은 사람이 이제야 좋은 뜻에서 한껏 드높이려고 힘을 쏟는 도덕 교육과 훈련의 가치에 손상을 가해 실제로 심각한 문제를 일으켰다고 믿는다. 사람의 정신과 감정을 오로지 종교적인 기준에 맞춰 단련하고, 지금까지 기독교 윤리와 공존하면서 나름 그것을 보완하는 역할을 해 왔던 (더 나은 이름이 없어서 이렇게 부르지만) 세속적 기준을 버린 것은 무척 우려스럽다. 이 둘은 서로 받아들일 건 받아들이고, 또 일부 정신은 불어넣어 주는 식으로 영향을 주고받았다. 그런데 이렇게 종교적으로만 규정하려고 시도한 결과 저급하고 비열하며 노예근성을 지닌 사람이 생겨날 것이다. 지금, 이미 그 결과가 나타나고 있다. 이런 사람들은 자신들이 최고 의지Supreme Will라고 여기는 존재에 대해서는 복종할 수 있어도, 최고선 Supreme Goodness의 관념에 도달하거나 공감하려는 노력은 하지 않는다. 나는 기독교적 바탕에서 출발한 윤리와는 다른 윤리 체계가 공존할 때만 인류의 도덕적 쇄신을 이룩할 수 있다고 믿는다. 나아가 인간 정신이 불완전한 상태에서는 기독교 신앙도 다양한 의견을 허용해야 진리를 찾을 수 있다는 원칙에서 예외일 수 없다고 생각한다. 기독교 교리에 없는 도덕적 진리를 인정한다고 해서 반드시 기독교 속에 담긴 진리를 포기할 필요도 없을 것이다. 그런 편견이나 착오는 커다란 폐해를 불러올 수 있다. 우리가 이런 일을 미리 피할 수 있으리라고 기대할 수는 없다. 그렇기에 다양한 의견을 허용하는 행위는 값진 이익을 얻기 위해 치러야 하는 비용으로 여기는 것이 바람직하다. 진리의 일부에 불과한 사실을 전체 진리인 양 내세우는 주장은 비판받아 마땅하다. 그런데 이번에는 그에 대한 반발로 이의를 제기하는 쪽에서 공정하지 않은 행동을 한다면 이런 일방적인 주장 역시 똑같이 개탄할 수밖에 없다. 그렇긴 해도 우리는 그들에게 관용을 베풀어야 한다. 만약 기독교 신자가 이교도에게 기독교를 공정하게 대할 수 있도록 가르치고 싶다면 기독교 신자 자신부터 이교도에 대한 편견을 버려야 할 것이다. 학문의 역사에 지극히 평범한 수준의 지식만 있어도, 가장 고귀하고 값진 도덕률 대부분이 기독교 신앙에 대해 전혀 알지 못하는 사람들뿐만 아니라 잘알면서도 배척한 사람들 손에 의해 세워졌다는 사실은 누구나알 것이다. 그런데도 이 엄연한 사실을 일부러 모른 척한다면 진리를 구하는 태도가 아니다.

나는 가능한 모든 의견을 아무런 제약 없이 자유롭게 밝힌다고 해서 종교적 분파주의 또는 철학적 분파주의 해악을 근절시킬 수 있다고 생각하지 않는다. 인간의 역량은 한정되어 있다. 그렇다 보니 이런 사람들이 열렬히 주장하는 진리라는 것은 마치이 세상에 다른 진리는 존재하지 않는다거나, 아니면 적어도 자신들이 내세우는 진리를 제한할 수 있는 것은 아무것도 없다는듯이 주장하고 가르치면서 여러 방법으로 행동하기 쉽다. 아무리 자유로운 토론이 허용되더라도 모든 의견이 여러 분파로 갈라지는 경향은 해결되지 않으리라 생각한다. 오히려 토론이 그런 경향을 더 키우거나 악화할 수도 있음을 인정한다. 당연히 받아들여야 할 진리가 반대쪽 진영의 사람이 공언했다는 이유로 더욱 격렬하게 배척당하기도 한다. 그러나 이러한 의견 충돌은 열성적인 당파주의자들보다는 상대적으로 냉정하고 사욕이 없는 관망자들에게 훨씬 더 유익한 영향을 미치게 된다. 정말 무시무시한 폐해는 일부 진리 간에 벌어지는 격렬한 충돌에서 나타나지 않는다. 그것은 진리의 일부를 소리 없이 억압할 때 생긴다. 그러나 사람들이 억지로라도 양쪽 의견을 듣게 되면 언제나 희망은 있다. 반면, 어느 한쪽에만 귀를 기울이면 오류가 편견으로 굳어지고 진리가 거짓으로 과장되면서 진리 자체가 아무런 역할을 할 수 없게 된다. 인간의 능력 중 대립하는 양 측면의 의견에 귀기울여 공정한 지적 판단을 내릴 수 있는 능력은 극히 드물다. 모든 주장 속에는 일부 진리가 담겨 있기에 그것을 대변하는 사람들에 의해 변론이 펼쳐지고 경청할 수 있다면 진리로 인정받을 가능성이 더 커진다.

우리는 이제 네 가지 명백한 이유에 의해 다른 의견을 가질 자유, 의견을 표현할 자유가 인류의 (다른 모든 복리의 바탕이 되는) 정신적 복리를 위해 중요함을 확인했다. 그 근거들을 다시 한번 요약해보자.

첫째, 어떤 의견이 침묵을 강요당하더라도 그 의견은 틀림없이 진리일 수 있다. 우리가 이 사실을 부인하면 우리는 스스로 절대적으로 옳다고 하는 절대 확실infallibility을 전제로 한다고 볼 수 있다.

둘째, 비록 침묵을 강요당한 의견이 오류라고 해도, 거기에는 일정 부분 진리가 담겨 있을 수 있다. 실제로도 그런 경우는 많다. 따라서 어떤 주제에 관한 일반적 통념이라고 하더라도 전부 진리인 경우는 드물거나 전무하기에 서로 대립하는 의견을 충돌하게 하는 것이 나머지 진리를 찾아 보완할 수 있는 유일한 방법이다.

셋째, 설령 일반 통념이 단순히 진실인 것은 물론, 전적으로 옳다고 해도, 토론을 통해 활발하고 진지하게 다투지 않으면 그것을 받아들이는 사람들 대부분은 그 합리적 근거를 전혀 이해하지도 느끼지도 못한 채 일종의 편견과 같은 것을 신봉하는 데 그치게 될 것이다.

하지만 이뿐만이 아니라 네 번째로 그 주장 자체의 의미가 상실되거나 쇠퇴하게 되면 사람들의 성격과 행동에 큰 영향을 미치지 못할 것이다. 독단은 선을 위해 아무런 영향을 주지 못하는 그저 형식적인 구호에 불과하게 될 뿐이며, 이성이 개인적 경험에서 참되고 진심 어린 확신이 자라나는 것을 가로막고 방해한다.

의견의 자유라는 주제에 대해 마무리하기 전에, 간단히 짚고 넘어갈 게 있다. 태도가 절제되어 있고 공평한 토론의 범위를 넘어서지 않는다는 조건 아래에서만 모든 의견의 자유로운 표현이 허용되어야 한다고 말하는 이들에게 전하고 싶은 말이다. 그 범위를 어디까지 설정할 것이냐에 대해서는 불가능하다는 말을 많이 한다. 그 이유는 그 기준이 자기 의견이 공격당한 사람들에게 화나게 하는 행위인 경우, 경험에 비춰볼 때 누구나 설득력 있고 강력한 비판을 받을 때마다 공격당했다고 느낄 것이고, 상대방이 강하게 몰아붙이는 통에 제대로 말도 꺼내기 힘든 상황에서 그 반대편 사람이 토론 주제를 놓고 감정 섞인 발언까지 서슴지 않는다면 반드시 반박당하는 사람은 상대방이 무절제한 사람으로 보일 것이기 때문이다. 이는 실제로 아주 중요하게 고려되어야 할 사항이긴 하지만, 더욱 근본적인 문제가 존재한다. 아무리 옳은 의견이라고 해도 적절하지 못한 태도는 심각한 불쾌감을 불러오고 결국 호된 질책을 피할 수 없게 된다는 점이다. 그러나 그런 종류의 공격은 의도치 않은 자기현시自己顯示, 즉 자기 행동이나 생각에 대한 의도적이거나 부주의한 진실의 폭로가 아니라면 아무리 심하게 공격하더라도 다른 사람들에게 공격이라는 확신을 심어줄 수 없는 것들이다. 그중에서도 가장 심각한 것은 궤변을 일삼고, 사실과 논거를 어물쩍 덮어버려서 사안의 진의를 거짓 진술하거나, 반대 의견을 왜곡하여 전달하는 것이다. 그러나 이 모든 것은 무지하다거나 무능하다고 생각되지 않는 사람들, 여러 측면에서 절대 그렇게 생각할 수 없는 사람들이 스스로 옳다고 믿으면서 아주 오랫동안 자행해왔기 때문에, 그런 허위 진술에 도덕적으로 유죄라고 일일이 낙인을 찍는 것도 불가능하다. 하물며 토론 중에 생기는 이런 종류의 비행非行을 법의 이름으로 간섭한다는 건 더더욱 있을 수 없는 일이다. 흔히 무절제한 토론이라고 할 때 떠올릴 수 있는 독설, 빈정거림, 인신공격 등과 관련해 만약 토론의 양쪽 당사자 모두에게 이런 무기가 되는 말과 행동을 금지하게 한다면 그와 같은 조치에 더 많은 사람이 공감하게 될 것이다. 그러나 실제로는 일반 통념을 향해 무차별 공격을 퍼붓지 못하게 규제하려는 목적이 크다. 이에 반해 소수 다른 의견에 대해서는 아무런 제약 없이 얼마든지 사용할 수 있다. 심지어 이를 그런 소수 의견에 그런 식의 무차별 공격을 가하는 자에게 순수한 열정이니 정의로운 분노니 하면서 찬사를 보내기까지 한다. 이의 사용으로 많은 폐해가 잇따를 수 있겠지만, 그중에서도 상대적으로 아무런 방어 수단을 갖지 못한 힘없는 자들에게 사용될 때 가장 심각한 문제가 생긴다. 어떤 의견이든 이런 식으로 주장해서 얻을 수 있는 부당한 이익은 언제나 일반 통념을 주장하는 쪽에만 발생하여 누적되면서 더 힘을 실어준다. 격렬한 토론 중에 범할 수 있는 최악의 공격은 반대 의견을 펼치는 사람에게 악인이나 부도덕한 사람이라는 오명을 뒤집어씌우는 것이다. 보통 인기 없는 의견을 내는 사람이 이런 종류의 비방에 노출되기 쉽다. 일반적으로 그들이 소수인 데다 영향력도 없고, 자신들 외에는 그들이 온당하게 대우받아야 한다는 것에 관심을 기울이는 사람도 없기 때문이다. 하지만 이러한 토론의 무기는 근본적으로 통설을 주장하는 쪽에서는 사용하지 않는다. 사용해봐야 자신들의 명분만 해치기 때문이다. 일반적으로 다수가 받아들이지 않는 의견에 대립하는 의견을 개진하는 사람들은 세심하게 말을 고르고 골라서 불필요한 자극을 주지 않아야 가까스로 발언 기회를 얻게 된다. 이런 태도에서 조금이라도 벗어나면 거의 예외 없이 그들의 의견은 근거를 잃는다. 이와는 다르게 통설을 따르는 자들은 온갖 독설을 사용해 반대 의견을 피력하지도, 경청하지도 못하게 만든다. 그러므로 진리와 정의의 이익을 위해서는, 소수 의견을 내는 사람의 독설을 규제하기보다는 다수 의견을 주장하는 사람의 독설을 제한하는 것이 더 중요하다. 한 예로, 둘 중 하나를 선택해야 한다면 정통 신앙에 가하는 공격을 막기보다는 이교도를 향해 퍼붓는 공격을 막아주는 편이 더 필요한 것이다. 그럼에도 법과 권력이 그 어느 쪽에도 제한을 가해서는 안 된다는 사실은 너무나 명백하다. 개별 사안에 따라 여론은 판단을 내려야 한다. 즉 어떤 사람에 대해서도, 진영과 상관없이 생각을 표현하는 방식에서 공정성이 모자란 사람, 악의나 고집, 편협한 감정을 심하게 드러낸 사람을 비판해야 한다. 그러나 우리와 다른 의견을 가진 사람이라고 해서 위의 나쁜 행동을 할 것이라는 추정도 섣불리 해서는 안 된다. 그리고 자신과 반대되는 의견이라도 차분하게 바라보고 정직하게 진술하며, 반대 의견을 주장하는 자가 불리하다고 해서 과장하지도 않고, 또 유리하다고 해서 숨기지 않는 사람이라면 그가 어떤 생각을 지녔든지 존경할 만하다. 이것이야말로 대중적인 토론의 참된 도덕률이다. 설령 이런 도덕률이 이따금 침해받는다고 해도 이를 준수

하는 논객이 많고, 또한 이를 성실하게 지키려고 노력하는 사람
이 훨씬 더 많다는 사실을 생각하면 더없이 행복하다.

3장

개별성, 행복한 삶을 위한 요소

이런 이유에서 사람들은 자유롭게 자기 의견을 형성하고 또 거리낌 없이 그들의 의견을 표현해야 한다. 이러한 자유가 허용되거나 금지될지언정 그 의견이 주장되지 않는다면, 인간의 지적인 본성에 해로운 결과를 초래하고, 이를 통해 인간의 도덕적 본질에도 치명적인 해를 입게 되는 것이다. 이제부터는 똑같은 이유에서 사람들이 자기 의견에 근거해 그에 따르는 모든 위험 요소와 직접적인 위험에 대해 스스로 책임지는 한, 다른 사람에게서 모든 신체적 또는 도덕적 방해를 받지 않고 삶에서 자유롭게 행동할 필요가 있는지 살펴보겠다. '모든 위험 요소와 직접적인 위험에 대해 스스로 책임지는 한'이라는 단서는 매우 중요하다. 그 누구도 행동이 의견을 내는 것만큼 자유로워야 한다고는 주장하지는 않는다. 그와는 반대로, 의견 표명이 타인에게 옳지 못한 행동을 선동하는 데 영향을 주는 상황이라면 의견의 자유라는 특권 역시 허용될 수 없다. 가령 곡물상穀物商이 가난한 사람들을 굶어 죽게 한다거나, 사유재산은 강도질이나 다름없다는 의견을 언론을 통해 내보낸다면 그 행동을 간섭하거나 방해해서는 안 된다. 그러나 곡물상의 집 앞에 몰려든 흥분한 군중을 상대로 그런 의견을 직접 말로 전달하거나, 또는 그들이 있는 장소에 그와 같은 내용의 현수막을 내걸면 처벌을 받는 게 당연하다. 어떤 행동이든 정당한 이유 없이 남에게 해를 끼치는 것은 통제받을 수 있고, 사안이 더 중요한 경우에는 반드시 통제받아야 한다. 이때 필요하다면 사회 전체가 적극적으로 간섭해야 한다. 그런 식으로 개인의 자유는 제한받게 된다. 다시 말해, 타인에게 성가신 존재가 되어서는 안 되기 때문이다. 그러나 다른 사람을 괴롭히지 않고 단지 자신과 관련된 일에 자기 성향과 판단에 따라 행동하는 것뿐이라면, 각자 자유로운 의견을 가질 수 있듯이 자기 책임 아래 타인의 간섭을 받지 않은 채 자기 생각을 행동으로 옮길 수 있어야 한다. 인간은 오류를 범하지 않는 절대적인 존재가 아니다. 인간이 알고 있는 진리는 대부분 반쪽 진리에 불과하다. 의견 일치도 반대 의견이 최대한 자유롭게 비교 검토를 거친 끝에 이루어진 것이 아니라면 바람직하다고 볼 수 없다. 인류가 진리의 모든 측면에 대해 지금보다 더 잘 알 수 있을 때까지, 다양성은 나쁜 것이 아니라 오히려 좋은 것이라는 사실은 개개인의 의견 못지않게 인간의 행동 양식에도 적용할 수 있는 원칙이다. 인간이 불완전한 상태에 있는 동안에는 서로 다른 의견이 다양하게 존재하는 것이 유익하다. 이와 마찬가지로 서로 다른 삶에 대해 다양한 실험이 이루어질 수 있어야 한다. 또한 다른 사람에게 피해를 주지 않는 한, 각자의 개성이 맘껏 발휘될 수 있어야 한다. 누구이든 다양한 생활 양식을 시도해보는 것이 자신들에게 적합하다고 생각한다면, 몸소 실천하여 그 가치를 증명해 보일 수 있다. 간단히 말해 근본적으로 타인과 관련이 없는 사항에 대해 개별성이 드러나는 것은 바람직하다.

각자의 개성이 아닌, 전통이나 관습이 행동 규범으로 자리매김한 곳에서는 인간에게 행복을 느끼게 해주는 중요한 요소 중 하나이자 개인과 사회가 발전하는 데 더할 나위 없이 중요한 요소인 개별성을 잃게 되는 것이다.

이와 같은 원칙을 지킬 때, 우리는 어려운 문제에 봉착한다. 모두가 인정하는 목표를 달성하는 수단에 대한 이해 부족이 아니라 목표 자체에 무관심한 사람들의 태도다. 만약 개별성의 자유로운 발달이 인간에게 행복을 주는 큰 요소이고 문명, 지식, 문화와 같은 표현으로 따라다니는 동시에 그 자체가 모든 것의 필요조건임을 느낀다면 자유를 대수롭지 않게 보는 일도 없을 것이고, 자유와 통제 사이의 적정한 경계를 조절하는 일도 그토록 어렵지는 않을 것이다. 그러나 일반적인 사고방식에서는 개인의 자발성이 본질에서 얼마나 중요한 가치가 있으며 그 자체로 존중받을 가치가 있는지 별로 인식하지 않는다. 대다수 사람은 오늘날 인류가 살아가는 모습에 만족하기에(바로 그들이 그런 삶의 모습을 만든 장본인들이니까) 왜 그러한 삶의 방식이 모든 사람에게 유익하지 못한지를 이해할 수 없다. 더 심각한 것은, 자발성이 도덕 및 사회 문제를 개혁하고자 하는 사람 대부분이 추구하는 이상의 일부로 존재하기는커녕 오히려 그들이 인류를 위해 최선이라고 판단하는 이상을 모든 사람의 마음속에 심어주려고 할 때 저항을 불러와서 방해한다고 여기며 경계하고 있다는 점이다. 뛰어난 석학이자 정치가로 명성이 드높은 빌헬름 폰 훔볼트(1767-1835, 언어학과 언어철학 분야에서 큰 업적을 남겼다-옮긴이)가 한 논문에서 펼친 다음과 같은 주장은 독일 밖에서 큰 호응을 얻지 못했다.

'인간의 목적, 또는 막연하고 덧없는 욕망이 아닌 영원불변한 이성의 명령에 따라 규정된 것은 인간 능력을 최대한 가장 조화롭게 발달시켜 완전하고 일관된 전체를 형성하는 데 있다.'

따라서 그는 '모든 인간이 부단히 힘써 추구해야 하며, 특히 타인에게 영향력 있는 인물이 되고 싶은 사람들이 언제나 주시해야 할 목적은 각자의 개별성에 맞게 능력을 개발하는 데 있다'라고 역설했다. 이를 위해 훔볼트는 '자유와 상황의 다양성'이라는 두 가지 조건이 반드시 충족되어야 한다고 강조했다. 그리고 이 두 가지가 결합하여 '개성의 활력과 다방면에 걸친 다양성'이 발생하며, 이것들이 합쳐져 '독창성'이 된다고 말했다.

그러나 사람들은 훔볼트의 말이 무척이나 생소했다. 그가 개별성에 그토록 높은 가치를 부여한 것이 놀라웠던 걸까. 그럼에도 그 문제는 개별성의 가치를 부여하는 데서 정도의 문제라고 생각해볼 수 있다. 그 누구도 자기 자신은 아무것도 하지 않으면서 남들이 하는 대로 따라 하는 것을 훌륭한 행동이라고 생각하지 않는다. 아무도 자기 삶의 방식에, 자신의 관심사와 관련된 일에, 자기 자신의 판단이나 개별적인 특성이 무엇이든, 영향을 주어서는 안 된다고 주장하지는 않을 것이다. 한편 태어나기 전에는 아무것도 알지 못했거나 경험을 통해 살아가는 방식을 익히고 더 나은 행동 양식을 갖추기 위해 아직은 아무것도 하지 않았다고 주장하는 일도 몹시 어리석다. 사람들은 어릴 때부터 경험을 통해 확인된 결과를 배우고, 또 그 혜택을 받을 수 있도록 가르침과 훈련을 받아야 한다. 그러나 어느 정도 자라서 자신이 경험한 것들을 원하는 방식으로 사용하고 해석하는 것은 인간의 특권이자 인간다운 삶을 살아가기 위한 조건이다. 그리고 기록된 경험 중 어떤 부분이 자신의 상황과 성품에 잘 맞게 적용할 수 있을지 알아내는 것은 각자 알아서 판단할 일이다. 다른 사람들의 전통과 관습은 어느 정도는 그 경험이 그들에게 무엇을 가르쳐주었는지를 보여주는 증거가 될 수 있다. 그것이 비록 추정된 것이더라도 적당히 참고할 만하다. 그러나 첫째, 그들의 경험이 너무 좁은 범위 내에서 형성되었거나 그들이 자기 경험을 올바르게 해석하지 못한 것일 수도 있다. 둘째, 해석은 올바른 것이었으나 그들 자신에게는 적합하지 않을 수도 있다. 왜냐하면 관습은 통상적인 상황과 성격에 맞게 형성되기 마련인데, 그 사람이 놓인 환경과 성격이 일반적이지 않을 수 있어서다. 셋째, 비록 좋은 관습이고 특정인에게 적합하다고 해도 무조건 순응해야 한다고 생각한다면 인간 고유의 자질 중 그 어느 것도 교육하거나 발달할 수 없게 된다. 인간의 지각 능력, 판단, 차이를 분간하는 감정, 정신활동, 심지어 도덕적 선호와 같은 인간의 능력들은 항상 이를 선택하는 과정에서 발휘된다. 그저 관습이니까 따른다는 사람은 아무런 선택도 하지 않은 것이나 별반 다르지 않다. 최선의 것을 분별하거나 가장 욕망하는 것을 알아내는 훈련도 실시할 수 없게 되는 것이다. 근력과 마찬가지로 사람의 정신이나 도덕적 능력도 써야 세진다. 다른 사람들이 믿으니까 자기도 믿는 것과 마찬가지로, 그저 누군가가 한다는 이유로 같은 일을 한다면 결코 능력을 발휘할 수 없다. 문제가 발생했을 때 이성적 판단을 통해 의견을 형성하지 않는다면, 그의 이성은 강화되는 것이 아니라 도리어 약화할 가능성이 크다. 그리고 (다른 사람의 감정 혹은 권리와 관련이 없을 때) 만약 자기 자신의 감정과 성격에 맞지 않게 행동한다면, 그것은 자신의 감정과 성격을 활동적이고 활기 넘치게 하기보다는 소극적이고 무기력하게 만들어버린다.

만약 우리 인간이 이 세상이나 주변 사람이 정해주는 대로 살아간다면, 원숭이의 모방 능력 말고 다른 능력은 필요하지 않을 것이다. 스스로 계획을 세우고 선택하는 사람만이 인간에게 주어진 모든 능력을 사용하게 된다. 주변 상황을 인식하려면 관찰력이 필요하다. 미래를 예측하려면 추리력과 판단력이, 결정을 내리는 데 필요한 자료들을 모으려면 활동력이 필요할 것이다. 결정하는 데 필요한 것은 안목이고, 결정을 내리고 나서는 신중한 결정을 행동에 옮기기 위한 확고부동한 결의와 자기 통제가 사용된다. 그런데 사람에게 요구되는 이러한 능력은 각자 자신의 판단과 감정에 따라 결정하는 부분이 커지면서 발휘된다. 물론 이런 능력이 없어도 위험을 피해 좋은 길로 안내받을 수 있다. 그러나 인간으로서 둘 중 어느 쪽이 더 가치 있다고 느끼게 될까? 인간이 무엇을 하느냐 못지않게 그 일을 어떤 방식으로 하느냐는 대단히 중요하다. 인간이 자기 삶을 바쳐 완성하고 아름답게 만들어야 할 모든 것 중에서도 가장 중요한 건 인간 그 자체. 사람의 모양을 한 기계가 집을 짓고, 곡물을 생산하며, 전쟁을 대신하고, 소송을 맡고, 심지어 교회를 세워 기도까지 해준다고 가정해보자. 현재 비교적 문명화된 곳에서 살고 있다고 하더라도 대자연이 빚어낸 산물 중 가장 빈약한 존재인 인간과 기계를 맞바꾼다는 것은 크나큰 손실이 아닐 수 없다. 인간은 어떤 틀에 본을 떠 만들어지는 기계가 아니다. 기계처럼 정해진 일만 정확히 따라 할 수가 없다. 인간의 본질은 생명을 불어넣어주는 내면의 힘을 바탕으로 모든 면에서 성장하려고 노력하는 나무와 같다.

사람들이 저마다 나름의 해석을 내리는 것은 바람직하다. 관습을 따르거나, 때때로 그것을 비판적으로 거부하는 것이 맹목적으로, 또 기계적으로 추종하는 것보다 더 낫다는 사실은 누구나 인정할 것이다. 그리고 어느 정도는 우리가 내린 해석이 우리 나름의 특성을 반영해야 한다는 점도 인정한다. 그러나 욕망이나 충동에도 나름의 특성이 담겨 있거나 강한 충동을 느낀다고 해서 위험하거나 함정에 빠지는 것이 아님은 잘 수긍하려고 하지 않는다. 그러나 욕망과 충동 역시 신념이나 자제심처럼 온전한 인간의 모습을 갖추게 하는 데 꼭 필요한 요소다. 강한 충동은 그 감정이 적절하게 균형을 이루지 못할 때 위험한 것이다. 다시 말해 특정 목적과 성향이 유독 발달한 상황에서 공존해야 할 다른 목적과 성향이 연약하고 활발하지 못할 때 안전하지 않은 것이다. 인간의 나쁜 행동이 반드시 욕망에서 비롯하는 것은 아니다. 오히려 양심이 약해서 벌어지는 행동이다. 강한 충동과 약한 양심 사이에는 그 어떤 필연적 인과관계도 존재하지 않는다. 필연적 인과관계는 그와 반대로 나타난다. 한 개인의 욕망이나 감정이 다른 사람보다 더 강하고 다양하다는 말은, 그 사람에게 그런 자질이 풍부하기에 다른 사람들보다 더 나쁜 행동을 할 수 있는 반면 좋은 일도 더욱 많이 할 수 있다고 이해할 수 있다. 강한 충동이란 정력energy을 다른 말로 표현한 것에 지나지 않는다. 정력은 나쁜 일에 쓰일 수도 있지만, 넘치는 활력을 이용함으로써 항상 나태하고 주변 상황이나 동료에게 아무런 관심이 없는 사람들보다 선한 일을 더 많이 할 수 있다. 풍부한 감정을 타고난 사람일수록 자신의 감정을 잘 가꾸고 발달시킬 수 있는 것이다. 감수성이 뛰어나면 충동을 더 강렬하고 활력 넘치게 만들 수 있고, 이런 감수성 덕분에 더 열성적으로 덕을 추구하고 더욱 엄격하게 자신을 통제할 수도 있다. 사회가 영웅을 만들어낼 재간이 없다면 이런 자질이라도 길러주어야 하지 않을까? 그렇게 해서라도 영웅이 탄생할 발판이라도 마련해준다면 사회는 분명 자기 소임을 다할 수 있고, 그 사회의 이익도 보호할 수 있을 것이다. 자기만의 욕망과 충동을 가진 사람, 다시 말해 그 기질을 자신이 속한 문화에서 육성하고 다듬어 자신만의 본성을 그대로 표현하는 사람은 나름대로 독특한 개성을 지닌 사람이라고 볼 수 있다. 이와 반대로 자신의 욕망과 충동이 없는 사람은 개성이 없는 셈이다. 이는 무개성無個性의 똑같은 증기기관과 다를 바 없다. 만약 남다른 개성과 강한 충동을 갖추고 이를 강한 의지로 통제할 수 있다면, 그 사람은 넘치는 정력의 소유자라고 부를 만하다. 욕망과 충동의 개별성이 결코 발휘되어서는 안 된다고 주장하는 사람은 사회에 굳이 강한 개성을 가진 사람들이 필요하지도 않을뿐더러 ─ 사실, 개성 있는 사람이 많으면 불편하다 ─ 보통 사람들의 평균 정력이 높아지는 것도 반기지 않을 것이다.

사회의 초기 발전 단계에서 이런 힘들은 사회가 규율하고 통제할 수 있는 범위를 넘어설 수도 있다. 실제로 자발성과 개별성의 요소가 과도하여 사회 규율이 통제하기 어려운 시기도 있었다. 강인한 신체나 정신력을 가진 사람들이 그들의 강한 충동을 억제하도록 요구하는 규칙에 복종하게끔 하는 일은 어려웠다.

이를 극복하기 위해, 로마 황제들을 상대로 힘겨루기를 해온 교황들처럼, 법과 감시체제가 개인에게 절대적 권력을 행사하여 개개인의 성격을 통제할 목적으로 — 사회가 인간의 성격을 구속할 다른 수단을 찾을 수는 없었지만 — 삶의 모든 영역을 제한했다. 그러나 이제는 사회의 힘이 개별성을 훨씬 넘어선다. 이제는 개인의 충동과 선호의 과잉이 아니라, 그것의 결핍이 인간 본성을 위협하는 시대다. 과거에는 사회적 지위나 개인적 재능에 의해 힘을 과시했던 자들이 법과 제도에 끊임없이 저항했고, 따라서 그들의 영향권 아래 있었던 보통 사람들의 안전을 조금이라도 확보하려면 그런 강한 세력을 법과 제도로 엄격하게 옭아매야만 했다. 이제는 상황이 달라졌다. 오늘날 우리 사회에서는 지위가 가장 높은 사람부터 가장 낮은 사람에 이르기까지 누구나 적대적인 시선과 무서운 감시를 받으며 살아가고 있다. 결국 다른 사람과 관련된 일뿐만이 아니라, 자기 자신에게만 관계되는 사항에서조차 개인이건 가족이건 상관없이 더 이상 다음과 같이 묻지 않게 되었다. 나는 무엇을 더 좋아하는가? 무엇이 나의 성격과 기질에 맞는 것인가? 어떻게 하면 내 안에 있는 타고난 최고 및 최선의 재능이 공정하게 힘을 발휘하여 성장하고 발달할 수 있을까? 그 대신 이렇게 반문한다. 무엇이 나의 분수에 맞는가? 나와 신분이나 경제적 여건이 비슷한 사람들은 주로 무슨 일을 할까? 심지어 자기보다 더 높은 지위와 재산을 가진 사람들이 대체로 무엇을 즐겨 하는지까지 궁금해한다. 나는 그들이 자신들이 선호하는 것보다 관습적인 방식을 따른다고 말하려는 게 아니다. 관습에 따르는 것 말고는 아예 성향 자체가 존재하지 않는다. 그 결과 정신이 구속당하게 되는 것이다. 하다못해 재미 삼아 하는 일에서조차 다른 사람이 하는 것을 가장 먼저 살피고, 사람들 속에 묻히고 싶어 한다. 그들은 사람들이 일반적으로 하는 것들만 선택한다. 독특한 취미나 별스러운 행동은 범죄처럼 기피 대상이 된다. 이처럼 타고난 본성을 따르지 않은 결과 그들은 고유한 본성을 갖지 못하게 된다. 결국 그들의 여러 인간적인 능력마저도 시들어 죽어간다. 그 어떤 강력한 소망이나 선천적 쾌락도 느끼지 못하게 된다. 그들에게는 자기 자신만의 의견이나 감정들이 사라진다. 자, 이제 이것은 인간에게 바람직한 상황일까?

칼뱅주의 이론에서는 이를 바람직한 상태라고 주장한다. 칼뱅주의에 따르면, 인간이 자기 의지대로 사는 것이야말로 가장 큰 죄악이다. 인간이 행할 수 있는 가장 선한 일은 복종을 통해서만이 가능하다. 따라서 인간에게는 선택권이 없다. 그저 주어진 일을 가르침대로 따라야 할 뿐이다.

'의무가 아닌 것은 모두 죄악이다.'

인간은 태어날 때부터 타락한 존재이므로 그 내면에 도사리고 있는 인간성을 제거하지 않는 한 그 누구도 구원받을 수 없다는 것이다. 이런 이론을 믿는 사람들이 보기에는 인간 고유의 특성, 능력, 감정 모두를 없애버리는 건 결코 나쁜 일이 아니다. 자신의 의지를 신의 의지에 맡기는 능력 외에는 아무런 능력도 필요하지 않다. 칼뱅파는 신의 뜻을 더욱 잘 따르는 목적 외에 다른 능력은 오히려 없는 편이 낫다고 가르친다. 칼뱅주의자가 아니더라도 많은 사람이 어느 정도 완화된 형태로 그 가르침을 지지한다. 이들은 신의 의지에 대해 덜 금욕적으로 해석하지만, 그렇다고 해서 인간이 자기 의지대로 해도 좋다는 의미는 아니다. 최고 권력자인 신에게 복종하는 형태에서, 즉 권위가 명하는 형식에서 일부 자신의 취향을 추구해도 신의 뜻에 부합될 수 있다는 뜻이다.

오늘날 서서히 이런 편협한 인생관과 그러한 신념에 걸맞은 고루하고 편협하기 짝이 없는 옹졸한 유형의 성격이 점점 더 사람들의 마음속에 자리매김하고 있다. 이처럼 속박당하고 왜소해진 인간이야말로 자신들의 창조자가 의도한 본래 모습이라고 믿는다. 이는 마치 자연 그대로의 나무보다는 고르게 가지를 쳐서 잘 다듬어진 나무나, 동물 모양으로 만들어진 나무가 겉보기에 더 좋다고 생각하는 것과 다를 바 없다. 그러나 적어도 인간이 선한 신에 의해 창조되었다고 믿는다면, 이런 선한 존재가 인간에게 부여한 모든 능력이 뿌리째 뽑혀 바싹 마르기보다는 잘 자라고 번성하기를 바라는 믿음이 이 신앙의 본질에 더욱 부합하지 않을까? 신의 피조물인 인간이 자신들 내면에 세운 이상적 형태에 더 가까워질수록, 다시 말해 이해하고 행동하고 즐거움을 만끽하는 그 능력이 더 향상될 때마다 창조주가 더 기뻐할 것이란 믿음 역시도 논리에 더 맞다. 한편 인간의 우수성에 대해, 칼뱅주의와는 다른 관점이 존재한다. 바로 인간성이란 단순히 부정하기 위함이 아니라 다른 목적을 달성하고자 인간에게 부여되었다는 개념이다. '이교도적 자기 긍정self-assertion'은 '기독교적 자기 부정christian self-denial'과 마찬가지로 인간의 가치를 구성하는 여러 요소 중 하나다. 플라톤과 기독교가 지향한 '자기 통제self-government'의 이상과 섞여 어우러지면서도 전적으로 그 이상을 대신한다고 볼 수는 없는 그리스인이 지향한 '자기 개발self-development'이라는 이상도 있다. 알키비아데스Alcibiades(BC 450?-BC 404, 고대 아테네의 정치가이자 군인. 조국 아테네를 배신하고 스파르타로 넘어가 방탕한 삶을 살았으나 결국 스파르타 첩자의 손에 죽음을 맞았다. 뛰어난 재능을 소유했음에도 품행이 좋지 못해 비열한 야심가의 전형으로 악명이 높다-옮긴이)보다는 존 녹스John Knox(1514-1572, 스코틀랜드의 종교 개혁을 이끈 엄격하고 윤리적인 칼뱅주의 지도자로서 스코틀랜드 장로교회를 창시한 인물이다-옮긴이) 같은 사람이 되는 것이 나을 수는 있겠으나 이들보다는 페리클레스Pericles(BC 495?-BC 429, 고대 아테네의 민주정치를 절정으로 이끈 정치가로 여러 덕을 겸비한 이상적인 인물로 꼽힌다-옮긴이)가 되는 편이 더 낫다지만, 오늘날 페리클레스 같은 인물이 존재한다고 해도, 존 녹스가 지닌 장점을 갖추지 않으면 훌륭한 사람이 될 수 없을 것이다.

인간 내면에 존재하는 개성을 파괴하여 획일적으로 만들지 않고, 타인의 권리와 이익을 침해하지 않는 범위에서 개성을 잘 가꾸고 길러낸다면 인간은 더욱 고귀하고 아름다운 존재가 될 수 있다. 창작자의 손을 거친 창작물에 그것을 창조한 이의 개성이 녹아 있듯이, 인간의 삶도 마찬가지로 똑같은 과정을 통해 풍요로워지고 다양해지며 활기를 띠게 된다. 또한 이를 자양분 삼아 고귀한 생각과 고결한 감정이 더욱 자라나며 인류 사회의 일원이라는 사실에 무한한 자부심을 느낄 때 사람들끼리의 유대감이 강화될 것이다. 개인의 개별성이 발전하는 정도에 비례하여 사람은 자기 자신에게는 물론 다른 이들에게 더욱 가치 있는 존재가 될 수 있다. 존재감을 충만히 느끼는 사람이 많아질수록 인간 사회도 더욱 풍성해질 것이다. 인간 본성의 어떤 강력한 속성이 다른 사람들의 권리를 침해하면 사회는 제재를 가할 수밖에 없는데, 이런 억압은 인간 발전이라는 관점에서 풍성한 보상을 가져다줄 수 있다. 다른 사람에게 해를 주는 게 싫어서 자신의 기호嗜好를 충족하지 않으려고 하면 자기 발전의 수단을 잃게 된다. 그러나 본래 그런 수단은 타인이 발전할 기회를 희생해가며 얻어진 것이었다. 따라서 이기적인 요소를 억제하면 그만큼 사회적 요소를 더욱 발전시킬 수 있으므로 이에 상응하는 이익을 얻게 되는 셈이다. 다른 사람을 위해 엄격한 정의의 규칙을 준수하도록 옭아매면 타인의 이익을 목적으로 하는 감정과 능력을 기를 수 있다. 그러나 타인의 이익에 영향을 주지 않는데도 단지 언짢을 수 있다는 이유로 저지를 당하게 되면, 거부감만 느낄 뿐 가치 있는 것을 발달시킬 수 없다. 이를 묵인하면 천성 자체에 활기가 없어지고 둔감해진다. 타고난 기질대로 공정하게 살아가려면, 저마다 자기만의 삶을 살아갈 수 있도록 해줘야 한다. 이러한 삶을 허용하는 정도와 비례하여 그 시대가 후세에 주목을 받을 수 있었다. 정치체제가 폭압적이더라도 그 바탕에 개별성이 발휘될 수 있는 여지가 남아 있는 한 최악의 결과는 막을 수 있다. 개성을 짓밟는 체제는 그 이름이 무엇이든 간에, 그리고 그것이 신의 뜻에 따르기 위한 것이든 인간의 명령을 실행하기 위해서든 상관없이 폭정이라고 할 수 있다.

지금까지 나는 개별성과 발전은 같고 개별성을 잘 발전시켜야만 인간이 높은 수준으로 발전할 수 있다고 설명했다. 그러니 이쯤에서 내 논의를 끝내고자 한다. 인간 사회의 여러 조건 중 우리 각자를 인류가 도달할 수 있는 최선의 상태에 가장 가까운 곳으로 이끌어주는 것 이상으로 더 훌륭한 것은 무엇일까? 반대로 이를 가로막는 것 이상으로 더 나쁜 것은? 그러나 분명한 것은, 이 정도 고찰만으로는 이 문제에 대해 더 많은 깨달음이 필요한 사람들을 설득하지는 못할 것이다. 따라서 개별성이 발전된 사람들이 그렇지 못한 사람들을 위해 어느 정도 도움 될 수 있다는 사실을 보여줄 필요가 있다. 즉 자유를 갈구하거나 이를 누리고자 하지 않는 사람들에게, 만약 그들이 아무런 방해를 하지 않음으로써 다른 사람이 자유를 누릴 수 있다면 자신들에게도 지적인 측면에서 무언가 유익한 결과를 얻을 수 있음을 보여줘야 한다는 것이다.

첫째, 나는 그들이 이런 사람들에게서 무엇인가 배울 수 있다는 점을 지적하고 싶다. 분명 독창성은 삶에서 대단히 중요한 요소다. 세상에는 새로운 진리를 발견하고, 과거에는 진리였던 것이 어느 시점에서는 더는 진리가 아님을 알려주는 사람들만 필요한 것이 아니다. 새로운 관행을 따르기 시작하고, 인간 사회에 좀 더 계몽된 행동과 좀 더 수준 높은 취향과 감각을 선보일 사람들도 필요하다. 우리가 사는 세상이 모든 측면에서 완벽하다고 믿는 사람이 아니라면 누구나 공감할 것이다. 그러나 모든 사람에게 이런 능력이 주어진 것은 아니다. 기존 관행을 어느 정도 개선할 수 있는 사람은 인류 전체에서 극소수에 불과하다. 이 소수가 바로 세상에서 소금과 같은 존재가 되는 것이다. 이들이 없다면 인간 사회는 고인 물이 될 것이다. 이들은 전에 없던 좋은 것들을 소개하고, 이미 존재하는 좋은 것들의 생명력을 유지하게 한다. 만약 이 세상에 새로워져야 할 일이 전혀 없다면, 인간의 지성도 더는 필요하지 않게 될까? 오래된 관행을 비판 없이 따르며 소나 말처럼 일하는 것 역시 이런 이유 때문일까? 인류 역사에서 최고의 신념이요, 최고의 관습으로 여겨지는 것들조차 그렇게 해서 지나치게 기계적인 것으로 전락해버리기 쉽다. 따라서 독창성을 발휘하여 그러한 신념과 관례가 단순히 전통으로 굳어지는 것을 막아주는 사람들이 나타나지 않는다면, 그런 죽어버린 전통은 새로 떠오르는 것들이 약간만 충격을 가해도 버티지 못한다. 예컨대 비잔틴 제국처럼 문명 자체가 멸망할 수도 있다. 천재적인 인물은 언제나 소수에 불과하고, 이 사실은 지금뿐만 아니라 앞으로도 변하지 않을 것이다. 자유로운 분위기에서 능력을 펼칠 수 있도록 우리는 천재가 성장할 수 있는 토양을 보존해야 한다. 천재는 그렇지 않은 사람보다 개인적인 성향이 강한 편이다. 그런 탓에 그들은 사회가 제공한 틀, 개인이 어려움 없이 성격을 형성하도록 만들어진 틀에 자신을 끼워 맞춰 생활하는 능력이 몹시 부족하다. 행여 천재가 사회의 제재가 두려워 그 작은 틀에 갇혀 사는 데 동의한다면, 억압을 견디지 못한 채 자신의 재능을 꽃피우지 못하게 된다면, 사회는 그들로부터 아무것도 얻지 못할 것이다. 만약 천재 중 누군가가 굽히지 않는 성격 때문에 자신들을 속박하는 쇠사슬을 끊어버린다면, 그들을 평범한 사람으로 만드는 데 실패하고는 "제정신이 아니네", "별난 인간이네" 하면서 비난에 앞장서는 사회를 위한 표적이 될 것이다. 이는 마치 나이아가라 폭포가 둑 사이로 흐르는 네덜란드의 운하처럼 잔잔하게 흐르지 않는다고 불평하는 것과 같다.

이론상으로는 천재가 이 사회에 매우 중요한 존재이며 이들이 자유롭게 생각하고 행동할 수 있게 해주어야 한다고 주장할 수 있다. 하지만 실제로 이 문제에 관심 있는 사람은 매우 드물다. 이런 사실을 통감하기에 나는 힘주어 말할 수밖에 없다. 사람들은 감동적인 시를 쓰거나 멋진 그림을 그리는 사람이 천재라며 매우 훌륭하다고 생각한다. 그러나 진정한 의미의 천재성, 즉 생각과 행동의 독창성이라는 의미에 대해서는, 겉으로만 감탄할 뿐이지 독창성이 없어도 사는 데 아무런 지장이 없다고 생각하는 사람이 수두룩하다. 불행하게도, 사람들은 이런 태도를 너무나 자연스럽게 여긴다. 독창성이 없는 사람들에게 독창성의 효용 가치를 이해시키기란 여간 어려운 일이 아니다. 독창성이 자기들에게 어떤 가능성을 열어줄지 알지도 못하는데, 그들이 어떻게 알 수 있겠는가? 만약 그것이 그들을 위해 무엇을 해줄지 안다면, 그건 아마도 독창성이 아닐 것이다. 독창성이 그들을 위해 하는 가장 중요한 일은 그들의 눈을 뜨게 해주는 것이다. 일단 이렇게만 된다면, 그들에게도 독창적인 사람이 될 기회가 생긴다. 한편, 누군가가 먼저 시작하지 않았다면 이 세상의 그 무엇도 존재하지 않았을 것이다. 지금 우리 앞에 있는 좋은 것들은 모두 독창성이 빚어낸 성과임을 명심하자. 독창성의 중요성을 잘 모른다면 이 세상에는 독창성이 발휘되어야 할 일이 아직 많이 남아 있음을 최대한 겸허하게 받아들이자. 독창성이 부족한 사람일수록 그것을 덜 인식한다는 사실을 느끼도록 해주는 게 중요하다.

실제로 우리는 지성이 뛰어나거나 그렇다고 여겨지는 사람들에게 경의를 표하지만 이 세계의 권력을 장악하는 이들은 놀랍게도 평범한 사람들이다. 고대와 중세에서는, 그리고 봉건 시대에서부터 오늘날에 이르는 장구한 과도기에는 비록 그 정도가 약해지기는 했으나 개인은 그 자체로 하나의 세력이 될 수 있었다. 탁월한 재능이나 높은 사회적 지위를 갖췄다면 상당한 권력을 행사할 수 있었다. 그러나 오늘날 개인은 군중 속에 매몰되어 있다. 정치적으로는 여론이 세상을 지배한다는 말이 이제는 시시하게 들릴 정도다. 이제 '대중'이 명실상부한 권력이다. 정부의 권력도 대중의 성향과 본성에 따라 움직인다. 이런 현상은 공공영역뿐만 아니라 개개인의 도덕적, 사회적 관계에서도 나타나고 있다. 여론을 만들어내는 대중도 그 실체가 언제나 똑같은 건 아니다. 미국에서는 백인 인구를 말하고 영국에서는 주로 중산층을 가리킨다. 그런데도 그들은 항상 대중, 다시 말해 평범한 사람들의 집단으로 존재한다. 그런데 더 놀랍고도 새로운 사실은, 대중이 이제는 교회의 고위 성직자들이나 국가의 고위직에 있는 사람들이나 저명한 지도자들의 의견, 또는 책에 나오는 내용을 따르지 않는다는 점이다. 그들의 생각은 서로 비슷한 상황에 놓인 사람들이 건넨 말이나 대중으로서 밝힌 의견, 혹은 얼김에 신문 지상을 통해 밝힌 생각과 같은 것이다. 나는 이런 일들이 불만스럽다고 토로하는 게 아니다. 인간 지성의 현 상태가 아직은 낮은 수준에 머물러 있으므로 더 나은 것이 존재할 수 있다고 주장하지 않는 것이다. 다만 평범한 사람들로 움직이는 정부가 특별해질 수 없다는 것은 자명하다. 하나의 민주 정부든 다수의 귀족이 지배하는 정부든 단 한 가지 예외의 경우를 제외하면, 그 정치적 행위나 그들이 조성한 의견, 자질, 사고방식에서 결코 평범한 수준을 뛰어넘은 적이 없었으며, 또한 그럴 수도 없었다. 여기서 말하는 한 가지 예외의 경우란 지배하는 다수가 그들보다 더 뛰어난 재능과 학식을 갖춘 '한 사람' 또는 '몇 사람'의 고견과 영향을 기꺼이 수용하는 경우로, 이럴 때 국가는 전성기를 구가했다. 현명한 일이나 고상한 일 모두 처음에는 개인들에게서 시작되었고 또 그래야만 한다. 대개 특정한 인물이 첫걸음을 뗀다. 보통 사람들은 현명하고 고상한 일에 처음 포문을 열어준 이에게 진심으로 공감하며 그를 따라 명예롭고 영광스러운 일에 발맞춘다. 나는 힘으로 권력을 장악하고 세상을 제멋대로 좌지우지하는 일종의 '영웅숭배론' 따위를 펼치려는 게 아니다. 천재는 단지 앞으로 나아갈 길을 자유롭게 제시할 뿐이다. 다른 사람들에게 자신의 길을 따르라고 강요한다면 그들의 자유와 발전에 도움 되지 않는 것은 물론이고, 자기 자신도 잘못된 길로 빠질 수 있다. 그럼에도 평범한 보통 사람들의 의견이 압도적인 세력을 구축하거나 점차 그런 추세로 변화하는 요즘, 그러한 흐름이 잘못된 방향으로 흘러가지 않도록 균형을 잡고 올바르게 이끌어줄 특출난 사람들의 개별성이 더욱 발휘되어야 한다고 생각한다. 소수의 이런 뛰어난 사람이 대중의 생각과 다른 방향으로 행동하는 것을 막으려 하지 말고 더욱 장려해야 한다. 여느 때 같으면 그들의 이례적인 행동이 대중의 행동보다 더 낫지 않을 경우, 아무런 이점을 얻을 수 없을 것이다. 그러나 오늘날에는 단순히 획일성을 거부하고 관습을 거스르는 것만으로도 인류에 기여하는 셈이다. 요즘 같은 시대에는 남들과 다른 행동을 조금도 용납하지 않을 정도로 여론의 횡포가 극심하다.

이런 횡포를 뚫고 나아가려면 좀 더 별나게 행동해야 한다. 이와 같은 별난 행동은 강한 성격의 소유자가 사회에 가득할 때 많이 나타난다. 한 사회에 유별난 사람들이 자유롭게 활개를 칠 수 있는 정도는 일반적으로 그 사회가 갖는 천재성, 정신적 활력, 그리고 도덕적 용기와 비례한다. 오늘날 그런 엉뚱한 개성을 발휘하려는 사람들이 몹시 적다는 사실은 우리 시대가 직면한 위기가 얼마나 심각한지를 보여준다.

나는 지금까지 관습과는 거리가 있는 일을 최대한 자유롭고 폭넓게 행동할 수 있어야 한다고 주장했다. 그런 행동도 언젠가는 적절한 때가 찾아오면 새로운 관습으로 정착될 수 있을 테니 말이다. 하지만 타인의 시선이나 관습에 얽매이지 않고 행동해야 더 가치 있는 행동 양식과 관습을 발견할 수 있다고 말하려는 게 아니다. 또한 자기가 원하는 삶을 꾸려야 할 필요성이 정신적으로 탁월한 능력을 갖춘 사람들에게만 한정되는 것도 아니다. 모든 사람이 어떤 특정한 한두 개의 틀에 맞춰 살아야 할 이유는 없다. 누구든 상식과 경험을 어느 정도 갖췄다면 자기 방식대로 삶을 살아가는 것이 바람직하다. 최선의 방식이라서가 아니라 가장 자기답게 살아가는 방식이기에 바람직하다고 말하는 것이다. 인간은 양 같은 동물들과는 다르다. 심지어 양도 저마다 생김새가 다르다. 몸에 걸칠 코트나 구두를 고를 때조차 우리는 자기 몸의 치수를 재거나, 아니면 가게를 다 뒤져서라도 어떻게든 맞는 걸 고른다. 사람이 자신에게 맞는 삶을 선택하는 게 코트 고르기보다 더 쉬울까? 사람의 신체 구조와 정신적인 상태가 발 모양보다 더 비슷한가? 취향이 저마다 다르다는 사실만으로도 사람들을 하나의 틀에 맞춰 획일화할 수 없는 충분한 이유가 된다. 이렇듯 서로 다른 사람들에게는 정신적 발전을 도모하기 위한 조건도 달라진다. 서로 다른 식물이 똑같은 물리적 환경과 대기, 그리고 기후조건 속에서 살 수 없듯이 사람들도 똑같은 도덕적 기준을 적용하면 건강하게 살아갈 수 없다. 어떤 사람에게는 더 높은 본성을 추구하는 데 도움 되는 조건이 다른 사람에게는 방해물이 될 수도 있다. 똑같은 생활 양식이라도 어떤 사람에게는 자신이 행동하고 즐거움을 만끽하는 데 최선의 상태에서 능력을 발휘하게 해주는 건강한 자극이 되지만, 어떤 사람에게는 내적 삶을 파괴하는 감당하기 힘든 짐이 되기도 한다. 이처럼 사람들마다 무엇이 기쁨을 가져다주는지, 고통에 얼마나 민감한지, 그리고 이런 문제들을 지각하는 육체적, 정신적 작용도 판이하다. 그러므로 각자에게 맞는 생활 양식이 허용되지 않는다면 사람들은 자신이 누려야 할 정당한 몫의 행복을 느낄 수 없을뿐더러 타고난 능력에 맞는 정신적, 도덕적, 미적 수준까지 도달할 수조차 없게 되는 것이다. 그런데 왜 다수가 추종하는 취향과 생활 양식에만 관용을 베풀어야 하는가? 지금은 (일부 수도원 시설을 제외하면) 취향의 다양성이 전적으로 부정당하는 시대도 아니지 않은가. 사람들은 그 누구의 비난도 받지 않고 뱃놀이하거나, 담배 피우거나, 음악을 감상하거나,

운동, 체스, 카드놀이, 학문 연구를 얼마든지 할 수도 있고, 싫어할 수도 있다. 이런 활동을 좋아하는 사람이나 싫어하는 사람이 너무 많아서 억지로 못하게 막을 수도 없기 때문이다. 그러나 사람이, 특히 여성이 '아무도 하지 않는 일'을 한다든가, '남이 다 하는 일'을 하지 않는다면, 마치 도덕적으로 아주 심각한 잘못을 저지른 것처럼 세상 사람들의 비난과 혹평에 시달린다. 자신의 평판에 손상을 가하지 않으면서, 마음 내키는 대로 할 수 있는 호사를 정도껏 누리려면 지위나 그에 상응하는 다른 계급장을 갖추거나 지위 높은 사람들에게 인정받아야 한다. 다시 말하는데, '정도껏' 해야 한다. 너무 지나치게 하면 비방 이상의 더한 것을 자초할 수 있어서다. 자칫 정신병자 취급을 받거나 친척들이 재산을 몰수해 자기들끼리 나눠 가지는 사태까지 벌어지기도 한다.

오늘날 대중의 여론이 흘러가는 방향에는 한 가지 특성이 있다. 개별성이 조금이라도 두드러지면 절대 참고 넘어가려 하지 않는다는 점이다. 보통 사람들은 지적인 면이나 취향 면에서 그저 그런 무난한 수준이다. 색다른 것을 시도해볼 만큼의 강력한 욕구나 취향이 없으니 관습에서 조금이라도 벗어나 행동하는 사람들을 이해하지 못하고, 그런 모든 행동을 야비하고 무절제한 곳으로 치부하면서 멸시한다. 이런 일반적인 추세와 더불어, 도덕관을 더 높이 끌어올리겠다면서 새로운 움직임이 일기 시작했는데, 그런 대중 운동에서 예상되는 일은 뻔하다. 오늘날 사람의 행동을 규칙화하여 일상적인 기준을 조금이라도 넘는다고 생각되면 못하게 막으려 하고 있다. 해외에는 박애주의 정신이 대세인데, 그 정신을 실천하기 위해 우리 이웃을 도덕적이고 사려 깊은 사람으로 만들기 위해 애쓰고 있다. 이런 시대적 흐름 때문에 대중은 과거 어느 때보다 더 보편적인 행동 규칙을 정하고, 그와 같이 일반적인 기준을 따르려는 경향을 보인다. 그 기준이란 명시적이건 암묵적이건, 아무것도 강력하게 요구하지 말라는 것이다. 뚜렷한 개성이 없어야 이상적이다. 남보다 도드라지거나 보통 사람 눈에 너무 이질적으로 보이는 개성은 사정없이 뭉개버린다. 중국 여인의 전족纏足처럼 기형화한다.

흔히 말하는 이상이 바람직한 요소의 절반을 배제해버리는 것처럼, 오늘날 일반적으로 인정되는 기준을 따르면 그 나머지 절반보다 못한 결과를 낳게 된다. 건강한 이성에 이끌린 엄청난 활력과 양심적인 의지에 따라 강한 감정이 엄격하게 통제되는 대신, 결과적으로 나약한 감정과 허약한 기력만이 남게 되는 것이다. 강력한 의지나 이성도 필요하지 않게 되었으니 어떤 규칙에 피상적으로 순응하면서 살 따름이다. 강한 개성을 지닌 사람도 단순히 전통을 따르는 사람이 되어가고 있다. 이제 영국에서는 경제활동을 할 때를 제외하고는 그 왕성한 기력을 마땅히 쓸 데가 없다. 경제활동을 하려면 여전히 만만치 않은 기력이 필요할 것이다. 그렇게 쓰고 남은 얼마 안 되는 기력은 유익하고 심지어 자선 활동에 가까운 취미 활동을 위해 쏟아붓는다. 그래 봐야

단 한 가지 정도에 불과하고, 대개는 그 규모도 크지 않다. 영국을 탁월하게 만드는 건 하나같이 집단적인 활동뿐이다. 혼자서는 보잘것없고, 그저 집단으로 모여야 뭐라도 하는 듯이 보인다. 도덕적이고 종교적인 박애주의자들은 우리의 이런 모습에 대단히 만족스러워하고 있다. 하지만 영국의 오늘을 있게 한 사람들은 이와는 전혀 다른 유형의 인물들이었다. 영국의 쇠퇴를 막기 위해선 바로 이런 사람들이 필요하다.

관습의 독재가 모든 곳에서 인간의 진보를 가로막는 고정 방해물이 되고 있다. 관습의 독재는 관습보다 더 나은 무언가, 예를 들어 자유의 정신, 진보, 개선의 정신 등을 지향하려는 기질과 끊임없이 적대적인 관계를 형성하고 있다. 그러나 개선의 정신이 항상 자유의 정신과 같다고 말할 수는 없다. 개선을 원하지 않는 사람들에게 억지로 개선을 강제할 수도 있기 때문이다. 그래서 자유의 정신이 그런 시도에 저항하는 한, 개선을 가로막는 진영과 부분적으로나마 한시적으로 연합할 수 있다. 그러나 개선을 가능하게 하는 절대적으로 확실하고 영원한 근거는 자유다. 바로 자유가 허용되는 경우에만 사람의 수만큼이나 많은 독립적인 개선의 핵심 중추가 생겨나기 때문이다. 진보 원리progressive principle는 자유를 사랑하든, 개선을 사랑하든, 어떤 형태든 관습의 횡포에 반대하고, 적어도 관습의 굴레에서 벗어나는 해방을 포함하고 있다. 그리고 이 양자의 싸움이 인류 역사에서 주된 볼거리다. 정확하게 말하자면, 이 세상의 수많은 지역에는 그런 역사가 존재하지 않는다. 관습의 독재가 완벽하게 지배하고 있기 때문이다. 아시아 전체가 여기에 해당한다. 그곳에서는 모든 일이 관습에 따라 행해지고 있다. 관습을 따르는 행위는 정의가 되며, 올바른 것으로 통한다. 권력에 사로잡힌 폭군이 아닌 이상, 그 누구도 저항할 엄두를 내지 않는다. 우리는 그 결과를 잘 알고 있다. 그 나라에서도 한때는 독창성이 존재했다. 처음부터 인구가 많고, 높은 학문 수준을 자랑하며, 수많은 일상생활의 기술에 조예가 깊지는 않았을 터, 그들은 그 모든 것을 자신들의 힘으로 창조했다. 그리고 그때 그들은 세계에서 가장 위대하고 강력한 국가들이었다. 그러나 지금은 어떠한가? 조상들은 숲속을 헤매고 다녔는데도 그들은 웅장한 궁궐과 화려한 사원을 짓고 살았던 민족의 백성이었건만, 관습이 그들을 지배하면서 자유와 진보가 가로막혔다. 하나의 민족은 일정 기간 번영을 누리다가 쇠퇴기에 접어든다. 언제 그런 일이 벌어지는가? 바로 개별성이 사라질 때다. 비슷한 변화가 유럽 국가에 들이닥친다면 그 형태는 똑같지 않을 것이다. 이 나라들을 위협하는 관습의 횡포는 그들처럼 고정되어 변화가 없는 수준은 아니기 때문이다. 너무 튀는 건 배척하겠지만, 다 같이 변화한다면 그 변화를 막아서지는 않을 것이다. 우리는 선조들의 굳어진 관습들을 폐기해왔다. 아직도 여전히 다른 사람들과 똑같은 옷을 입고 있긴 하더라도, 그 형태는 일 년에 한두 번씩 바뀐다. 그러므로 우리에게 변화가 생긴다면 아름다움이나 편리의 관점에서 그렇게 된 것이 아님에 유넘하자. 아름다움이나 편리함에 관한 생각이 모든 나라에서 동시에 생겼다가 어떤 시기에 한꺼번에 바뀌는 것이 아니니까 말이다. 그러나 우리는 변화를 추구하는 동시에 발전을 꾀한다. 가령 새로운 기계를 끊임없이 만들어내고, 그게 더 나은 것으로 대체될 때까지 사용한다. 우리는 정치, 교육, 심지어 도덕적으로도 개선되기를 갈망한다. 하지만 우리가 생각하는 도덕적 개선은 주로 다른 사람들도 우리 자신과 마찬가지로 선한 삶을 추구하도록 설득하거나 강요하는 것뿐이다. 우리가 반대하는 것은 진보가 아니다. 반대하기는커녕 우리는 지금껏 가장 진보적인 사람들이라고 자부한다. 우리가 싸움을 벌이고 있는 상대는 바로 개별성이다. 우리 자신을 모두 똑같은 모습으로 만들어놓고도 이렇듯 발전을 이룩한 것이라면 그야말로 기적을 행한 것이라고밖에 볼 수 없다. 무엇보다도 우리는 서로 다르니까, 그래서 일반적으로 자신의 불완전함과 다른 사람의 탁월함, 또는 두 사람의 장점을 한데 묶어 더 나은 것을 만들어낼 가능성에 관심을 기울이게 된다는 사실을 잊고 있는 것 같다. 우리는 중국에서 이처럼 주의를 기울여야 할 실례를 찾아볼 수 있다. 중국은 초창기 놀라운 재능과 지혜를 자랑했다. 어떤 측면에서는 가장 개화된 유럽인조차, 일부 조건을 내세우기는 했어도, 현자나 철학자라고 부를 만한 사람들이 닦아놓은 훌륭한 관습의 혜택을 일찍부터 누려온 보기 드문 행운 덕분이었다. 또한 백성들이 최고 수준의 지혜를 습득할 수 있도록 그 지혜에 통달한 사람들이 명예와 권력을 함께 누릴 우수한 제도적 장치를 마련했다는 점에서도 주목할 만하다.

이런 일을 해낼 수 있었던 민족이라면 틀림없이 인간 발전의 비결을 알아냈을 테고, 그렇다면 그들이 착실하게 세계 역사를 이끌어 나아갔어야 했다. 그러나 그와 반대로 그들은 제자리에서 움직이지 않았다. 그것도 무려 수천 년 동안이나. 이제 그들은 훨씬 더 나아지려면 외국인들의 힘을 빌려야만 한다. 그들은 영국의 박애주의자들이 그토록 열심히 애쓰고 있는 것, 즉 모든 사람을 동일화하여 생각과 행동을 똑같은 준칙과 규칙에 따라 통제하는 것, 그 이상을 해냈다. 그 결과가 바로 이것이다. 오늘날 대중 여론의 제도는 중국의 교육과 정치제도가 조직적으로 하는 기능을 비조직적으로 하고 있을 뿐이다. 따라서 개별성이 그 굴레에서 벗어나 당당히 목소리를 내지 못하면 유럽도 제2의 중국이 될 수밖에 없을 것이다. 제아무리 고귀한 선조들과 기독교를 내세우더라도 별수 없다.

지금까지 유럽을 획일화의 운명으로부터 지킬 수 있었던 것은 무엇인가? 무엇이 유럽 민족들을 정체하지 않고 끊임없이 진보하게 만든 것인가? 그들에게 어떤 뛰어난 점이 있는 것도 아니다. 설령, 그런 우수성이 존재한다고 하더라도, 그것은 원인이 아닌 결과에 지나지 않는다. 유럽을 계속 움직이게 한 요인, 그것은 이들의 성격과 문화가 지닌 놀랄 만한 다양성에 있다. 개인이나 계급, 그리고 민족 할 것 없이 서로 극단적으로 달랐다. 이들 각자가 가치 있는 일에 도달할 수 있도록 다양한 길을 열어놓았다. 비록 시대마다 다른 길을 걸어가는 사람들에게 관용을 베풀지 않았고, 억지로라도 자기와 같은 방식을 따르길 바란 적도 있었다. 그렇지만 상대의 발전을 저해하려는 이런 시도는 오래도록 성공을 거두지 못했고, 결국 시간이 지나면서 다른 사람들이 제안한 좋은 방식을 받아들였다. 유럽은 다른 사람들의 다양한 방식에 힘입어 많은 것을 배워 진보적이고 다각적인 발전을 꾀할 수 있었다고 생각한다. 그런데 이제 유럽은 벌써 그런 이점을 상당 부분 버리고 모든 사람을 똑같이 만들려는 중국식 이상을 향해 나아가고 있다. 토크빌M. de Tocqueville(1805-1859, 프랑스의 정치학자이자 정치가이다-옮긴이)은 그의 마지막 저서에서 오늘날 프랑스 사람들이 불과 한 세대 전과 비교해 서로 얼마나 비슷해졌는지를 이야기했다. 영국 사람들은 그 정도가 훨씬 더 심각하다고 할 수 있다. 앞서 소개한 빌헬름 폰 훔볼트도 인간 발전을 위한 필수 조건으로 자유와 환경의 다양성을 꼽았는데, 바로 이 두 가지가 사람들을 서로 다르게 만들어주는 요인이기 때문이다. 그중 두 번째 조건인 다양성이 영국에서 서서히 자취를 감추고 있다. 서로 다른 계급과 개인을 둘러싸고 그 성격을 형성하던 환경이 하루가 다르게 닮아가고 있다. 과거에는 서로 신분이 다르고 사는 동네가 다르고 직업이 다른 사람들은, 말하자면 서로 다른 세계에서 살았다. 그러나 지금은 상당한 정도로 비슷해졌다. 사람들은 이제 같은 것을 읽고, 듣고, 보며, 같은 장소에 가고, 같은 대상에 희망과 공포를 느끼며, 똑같은 권리와 자유를 누리고, 그런 것들을 같은 방식으로 주장하면서 살아간다. 여전히 신분의 차이는 남아 있지만 이미 사라진 차이에 비하면 비교도 안 될 만큼 미미한 수준이다. 그런데도 그 차이를 없애고 똑같이 만들려는 동일화 과정은 아직도 진행형이다. 우선, 이 시대의 모든 정치적 변화가 이런 현상을 더욱 부추기고 있다. 낮은 신분은 높이고, 높은 신분은 낮추려는 경향이 대표적이다. 교육의 기회가 확대되면서 동일화 현상은 더 탄력을 받는다. 교육은 사람들을 공통된 영향권 아래 놓이게 하고, 그 결과 비슷한 사실과 감정에 접근하기 더 쉽게 만들어놓는다. 교통과 통신 수단의 발전 또한 동일화 작용을 촉진한다. 이제 서로 멀리 떨어져 사는 사람들도 접촉할 기회가 생겼고, 한 장소에서 다른 장소로 주거지를 옮기는 속도도 훨씬 빨라지고 있다. 상업과 제조업의 발달은 안락한 환경의 이점을 더욱 광범위하게 확산시키며 모든 사람이 경쟁을 통해 가장 높은 수준의 야망을 추구할 수 있게 만들었다. 이제는 출세라는 욕구가 특별한 사회적 계층의 전유물이 아니다. 누구에게나 열려 있기에 비슷한 동일화의 결과를 더 빠르게 앞당기고 있다. 그러나 위에서 예를 든 것보다 사람들을 더 유사하게 만드는 결정적 원인은 대중 여론이다. 이것이 영국에서는 물론 다른 자유국가에서도 국가를 움직이는 중요한 변수로 떠오르고 있다. 사회적으로 명망 있는 높은 지위가 평준화되면서 다양한 의견을 무시하기도 어려워졌고, 일반 대중의 의지가 적극적으로 알려지자 정치인들의 마음속에서 대중의 의지에 맞서겠다는 생각도 점차 사라지고 있다. 그 결과 일반 통념을 뛰어넘으려는 시도가 사회적 지지를 받지 못하고 있다. 다시 말해, 수적으로 우세한 다수에 대항하여 대중과 다른 의견이나 성향을 보호하려는 사회의 실질적인 세력이 없어지게 된 것이다.

이런 모든 원인이 한데 섞여 개별성에 매우 적대적인 환경이 만들어지는 바람에 개별성이 버틸 수나 있을지 확신하기 힘든 상황이다. 대중 가운데에서도 지식인들이 개별성의 가치를 깨닫지 않는 한 — 더 낫게 만들지는 못하더라도 누군가의 눈에는 더 안 좋게 변하는 것처럼 보일지 모르나 개별성을 말살시켜 모든 사람이 한결같아서 똑같아 보이게 만드는 것보다는 더 낫다는 것을 깨닫지 않는 한 — 사정은 더욱 암담해질 것이다. 개별성을 확실하게 주장해야 한다면 아직은 강압적인 획일화가 완성 단계에 이르기 전인 지금 이때다. 개별성을 침해하는 데 따르는 저항이 그나마 성공적으로 효과를 볼 시기는 저항의 초기 단계뿐이다. 모든 사람이 똑같아져야 한다는 요구는 충족되면 될수록 더 커진다. 우리 삶이 획일적으로 굳어질 때까지 아무런 대책을 세우지 않은 채 그저 손 놓고 있으면, 그때는 획일적 모습에서 벗어난 모든 것은 불경스럽다느니, 비도덕적이라느니, 심지어 인간 본성을 저버렸다느니 하는 온갖 비난과 공격에 시달릴지도 모른다. 사람은 잠시만 다양성을 멀리하고 살아도, 순식간에 다양성이 무엇인지 잊어버리게 되기 때문이다.

4장

사회가 개인에게 행사할 수 있는 권한의 한계

한 개인이 자신에게 주권을 행사할 수 있는 정당한 한계는 어디까지인가? 사회의 권한은 어디에서 시작되는가? 인간의 삶에서 어디까지가 개별성의 영역이고, 어디까지가 사회의 영역일까?

개인과 사회는 저마다 자신과 특별하게 관련된 행위에 정당한 권리를 가진다. 개인과 더 특별한 관계가 있는 삶의 부분은 개별성에 속하고, 사회에 더 이해관계가 있는 부분은 사회에 권한이 있다.

사회가 계약에 근거해 세워진 것도 아니고, 또 그것으로부터 사회적 의무를 끄집어낸답시고 계약론을 만들어봐야 딱히 어떤 좋은 목적에 들어맞는 것도 아니다. 하지만 사회의 보호를 받는 모든 사람은 그 혜택에 보답할 의무를 진다. 또한 사회 속에서 살아가는 한, 다른 사람들을 위해 일정한 행동 규칙을 준수해야 한다는 사실은 피할 수 없다. 그런 행동 규칙에는 다음과 같은 것이 있다. 첫째, 서로의 이익을 침해해서는 안 된다. 다시 말해, 명시적인 법 규정이나 암묵적인 이해에 따라 개개인의 권리로 삼아야 하는 특정한 이익을 침해해서는 안 된다는 것이다. 둘째, 사회나 그 구성원들을 어떤 침해나 괴롭힘으로부터 보호하는 데 필요한 노동과 희생 중 공평한 원리에 근거해서 자기 몫을 감당한다. 만약 우리가 이런 사회적 의무들을 거부한다면 사회는 어떻게 해서라도 제재를 가할 수 있다. 사회가 개인에 대해 강제할 수 있는 일은 이뿐만이 아니다. 여론의 힘을 빌려 법적 처벌까지는 아니더라도 얼마든지 개인의 행동을 공정하게 처벌할 수 있다. 다른 사람들의 합법적인 권리를 침해하지는 않았지만 그들에게 해를 끼치거나 타인의 이익을 제대로 고려하지 못한다면 말이다. 개인의 일부 행동이 다른 사람의 이익을 침해하는 사회는 그에 대해 사법적 권한을 가지게 되며, 그 문제에 개입할 때 사회 전체의 복리가 증대할 것인지를 논의의 대상에 올릴 수 있다. 그러나 한 개인의 행동이 자기 말고는 타인에게 아무런 영향을 미치지 않을 때, 아니면 타인의 이익에 영향을 주되(이때 당사자들은 모두 성인이고 평균적인 지적 수준을 갖춘 사람들이어야 한다), 그들이 원할 때만 영향을 미친다면 그런 문제는 논의될 필요가 없다. 이런 모든 경우에 개인은 그와 같은 행위를 하고 그 결과를 받아들이는 과정에서 완전한 법적, 사회적 자유를 누려야 한다.

이 원칙을 두고, 자신의 이익과 관련이 없는 한 타인의 행동에 아무런 상관도 하지 않고, 서로의 행복과 안녕에는 전혀 관심을 가지지 않는 일종의 이기적 무관심을 주장하는 것으로 생각한다면, 그것은 크나큰 오해다. 이 원칙은 우리 모두 다른 사람들의 이익을 증대시키기 위해 더 사심 없는 노력을 기울여야 함을 강조하는 것이다. 그러나 사심 없이 남을 돕기 위해 사용되는 수단은 말 그대로, 혹은 비유적인 의미에서 회초리로 채찍질하는 것과는 다른 방법이 있다. 자신에게 더 좋은 일을 하도록 설득하는 것이다. 개인적인 덕목을 깎아내리려는 게 아니다. 구태여 따지자면, 사회적인 덕목들을 더 중요하게 생각할 뿐이다.

이 두 가지 덕목은 교육을 통해 길러져야 하지만, 이 역시 강압적인 방법뿐만이 아니라 확신과 설득을 통해 이루어져야 한다. 그리고 일정한 교육 기간이 지나면 오직 후자, 즉 설득과 확신을 통해 개인적인 덕목을 심어줘야 한다. 모든 사람은 나쁜 것과 좋은 것을 구분할 수 있도록 서로 도와줘야 하며, 좋은 것을 선택하고 나쁜 것을 피하도록 격려해줘야 할 의무를 공유한다. 우리 모두 다른 사람들이 높은 능력을 더 많이 사용하고, 그들의 감정과 목표가 현명하게, 그리고 지혜롭고 고상한 목표와 방향을 지향하도록 서로를 자극해줘야 한다. 하지만 그 누구도 나이를 먹을 만큼 먹은 사람이 스스로 자기 행복을 위해 선택한 삶을 살고자 할 때 그렇게 살지 말라고 말릴 자격은 없다. 자신의 행복에 가장 관심이 많은 사람은 바로 자기 자신이다. 누군가가 타인의 행복에 대해 가질 수 있는 관심은, 아주 긴밀한 관계가 아닌 이상은, 본인이 자기 자신에게 기울이는 관심과 비교했을 때 보잘것없기 짝이 없다. 사회가 어떤 한 사람에게 개인적으로 가지는 관심은 (그 사람이 타인에게 하는 행동에 관한 관심을 제외하면) 단편적이고 간접적인 데 반하여, 아무리 평범한 남자나 여자라도 자기가 느끼는 감정이나 상황에 대해 자기 자신보다 더 잘 아는 사람은 없다. 따라서 오직 당사자에게만 이해관계가 있는 문제에 관해 본인이 내린 판단과 목적을 사회가 간섭하려고 한다면 일반적인 추정에 바탕을 두어야 한다. 그런데 그러한 전제가 완전히 틀렸을 수도 있다. 설령 올바른 전제라고 해도 개별적인 상황에서는 잘못 적용되는 때도 있다. 왜냐하면 그러한 전제를 적용한 사람 역시 외부에서 개개인의 사정을 제삼자의 눈으로 바라볼 뿐인 사람들과 별반 다르지 않은 지식밖에 없기 때문이다. 따라서 이런 일에는 개별성이 적절하게 발휘될 수 있어야 한다. 다른 사람과 관계된 행위에서는 사람들에게 무엇을 기대해야 하는지 깨닫게 하려면 대체로 일반적인 규칙을 준수하는 것이 필요하다. 그러나 자신만의 고유한 문제라면 그 사람의 개별적 자발성이 자유롭게 발휘되어야 한다. 다른 사람이 그 사람의 판단을 돕기 위해 여러 고려 사항을 제시거나, 당사자의 의지를 다지는 데 도움 될 만한 권고 정도는 할 수 있다. 상황에 따라서는 강요할 수도 있을 것이다. 하지만 최종적으로 판단을 내리는 사람은 어디까지나 본인이다. 그가 타인의 충고와 경고를 무시함으로써 오류를 범하게 될 가능성이 있다고 해도 다른 사람이 자기에게 이익이 되리라 판단하고 당사자의 뜻을 거슬러 강요하면 발생하는 해악이 더 크다.

그렇다고 해서 다른 사람들이 오직 당사자인 본인에게만 관계되는 자질이나 약점에 아무런 감정을 가져서는 안 된다고 말하는 건 아니다. 그런 일은 가능하지도 않고, 바람직하지도 않다. 누군가가 자기에게 도움 되는 어떤 자질에 뛰어난 역량을 발휘한다면, 그 사람은 분명히 사람들에게 존경의 대상이 될 것이다. 그 사람은 인간 본성의 완벽한 이상에 더 가까운 인물이 될 것이고, 반면에 그 사람에게 그런 자질이 전혀 없다면 정반대의 감정이 따라올 것이다. 바탕이 우둔하거나, 저급하고 타락한 취향이라고 부를 만한 것(흠잡을 데 없는 표현은 아니지만)을 좋아하는 사람들도 있다. 물론, 이런 사람들에게도 해를 가해서는 안 된다. 그러나 그런 사람을 싫어하거나, 심지어 경멸한다 해도 이를 두고 잘못되었다고 말할 수 없다. 이런 감정을 품지 않고서는 그와 정반대되는 적절한 자질을 지닐 수 없었을 테니 말이다. 그 누구에게도 해를 끼치지 않지만, 타인이 그 사람을 바보, 혹은 열등한 인간으로 판단하게 만드는 사람이 있다. 이런 대접을 받고 싶어 하는 사람은 아무도 없을 것이기에, 그 사람이 불쾌한 결과에 직면하기 전에 미리 경고해준다면 그 사람을 도와주는 모양새가 된다. 이러한 호의가 현재 허용된 예의라는 일반적인 개념보다 훨씬 자유롭게 제시되고, 한 사람이 무례하다든가, 잘난 척한다는 인상을 주지 않으면서 다른 사람의 잘못을 솔직히 지적할 수 있다면 더없이 바람직할 것이다. 또한 우리에게는 다른 사람에게 품고 있는 부정적인 의견에 따라, 그 사람의 개별성을 침해하는 의미가 아닌, 우리 자신의 개별성을 발휘한다는 뜻에서 여러 방법으로 행동할 권리가 있다. 가령, 우리는 그와 반드시 어울릴 필요가 없다. 우리는 얼마든지 우리와 잘 맞는 집단의 사람들을 선택할 수 있으니까 그가 속한 집단을 피할 권리(물론 싫어한다고 떠벌리고 다니는 것은 좋지 않지만)가 있는 것이다. 만에 하나 그 사람의 행동이나 대화 내용이 주변 사람들에게 해로운 영향을 미칠 우려가 있다고 생각되면, 그 사람을 주의하라고 타인에게 말해줄 권리가 있고, 그렇게 하는 게 우리의 의무일 수도 있다. 우리가 임의로 호의를 베푸는 상황에서 그 사람의 자질을 개선하는 데 필요한 경우가 아니라면, 다른 사람에게 우선 혜택을 누리게 할 수도 있는 것이다. 당사자인 본인에게만 나쁜 결과가 발생할 행동이라고 해도, 이처럼 여러 방식을 통해 다른 사람이 그 사람을 엄중하게 처벌할 수 있다. 그러나 그가 받는 처벌은 잘못된 행위의 결과로 자연스럽게 저절로 따라온 것이지, 고의로 가해진 형벌이 아니다. 경솔하며, 완고하고, 자만심이 가득한 사람, 절제 있는 삶을 영위할 수 없는, 정신적으로 해로운 방종과 탐닉에서 벗어나지 못하는 사람, 인간적인 감성과 지성을 해치면서까지 동물적인 쾌락만을 추구하는 사람은 다른 사람들로부터 형편없는 평판을 듣게 되고, 또 형편없는 대우를 받게 되리라는 걸 각오해야 한다. 또한 그런 대접을 받는다고 불평할 권리도 없다. 남달리 뛰어난 사회성을 갖춘 탓에 사람들에게 우호적 평가를 받고 타인에게 해가 되는 일을 해도 평판에 전혀 영향을 미치지 않는 사람이 아니라면 말이다.

내가 주장하는 바는, 누군가가 오로지 자기 이익에만 관련이 있고 타인의 이익에는 아무런 영향을 주지 않는 행동과 성격으로 감수해야 할 유일한 불편이 있다면, 타인이 그 사람에 대해 내린 비우호적인 판단으로 받게 될 불이익이 전부라는 사실이다. 그러나 남에게 해를 유발하는 행위는 완전히 다르게 취급되어야 한다. 타인의 권리를 침해하거나, 타인에게 자신의 권리로 정당화될 수 없는 손실이나 손해를 입히는 행위, 사람들을 대하면서 기만과 표리부동을 일삼고, 불공정하거나 부당한 방법으로 타인에게서 이득을 취하거나, 심지어 다른 사람이 피해를 보고 있는데도 이기적인 마음에서 모른 척하는 등의 모든 경우가 도덕적으로 비난을 살 만하며, 심할 경우 도덕적 보복과 처벌의 대상이 된다.

이러한 행동뿐만 아니라, 그러한 행동을 유발하는 행위와 그 행위를 초래하는 성향 역시 부도덕하며 혐오감을 불러일으킬 수 있으므로 비난의 대상이 된다. 잔인함, 악의적이고 심술궂은 천성, 격한 감정 중에서도 가장 반사회적이고 혐오스럽다고 할 수 있는 질투, 위선과 불성실, 걸핏하면 화를 내는 불같은 성미, 사소한 일에 화를 내는 성격, 타인을 지배하려는 욕구, 정당한 수준의 자기 몫 이상을 원하는 마음(그리스인들이 말하는 '플레오넥시아 pleonexia', 즉 심보), 남을 깔보면서 만족감을 느끼는 교만함, 자기 자신과 이해관계가 걸린 일만 생각하고 자기 기준에서 이익이 되는 쪽으로 결정을 내리려는 자기 중심주의적인 태도 등은 모두 부도덕한 성향들로 나쁘고 추악한 성격을 형성한다. 이는 앞서 언급한 자기에게만 관계되는 결점과는 다르다. 이는 엄밀히 말해 부도덕하다고 볼 수 없으며, 그 정도가 아무리 심해도 사악하다고 여겨지지는 않는다. 이런 결점은 당사자의 어리석음, 또는 인간적 존엄 및 자존심의 결여를 보여주는 증거가 될 수야 있겠지만, 다른 사람에 대한 의무를 이행하지 않는 한 도덕적 비난의 대상이 될 수는 없다. 우리 자신에 대한 의무인 동시에 다른 사람들에 대한 의무가 아닌 이상, 사회적으로 지켜야 할 의무가 아니다. 자신에 대한 의무라는 용어가 신중함 이상의 의미를 담고 있다면, 자존감은 자기 발전을 뜻한다. 그리고 무엇을 의미하든, 이에 대해서는 아무도 다른 이에게 책임을 질 이유가 없다. 왜냐하면 그렇게 해야 인류 전체에 이익이 되기 때문이다.

사리분별과 개인적 존엄이 부족한 탓에 어쩔 수 없이 배려받지 못하는 상황과 다른 사람들의 권리를 침해했기 때문에 받아야 할 비난 사이에는 단순히 명목상으로만 차이가 존재하는 게 아니다. 우리 생각에 어떤 사람을 통제할 권리가 있는 상황에서 우리를 불쾌하게 하느냐 아니면 우리에게 그럴 권리가 없을 때 불쾌하게 하느냐에 따라 그 사람에 대한 우리의 감정과 행동에는 근본적으로 차이가 발생한다. 그 사람이 우리를 불쾌하게 만들면 우리는 얼마든지 불쾌감을 드러낼 수 있고, 우리가 싫어하는 것을 멀리하듯 그런 사람과 가까이 있지 않으면 된다. 그렇다고 그 사람의 생활까지 불편하게 만들 필요까지는 없지 않을까? 우리는 이미 그 사람이 자신의 잘못으로 비롯한 모든 처벌을 달게 받고 있거나 받게 되리라고 예상해볼 수 있다. 설령 그 사람이 처세를 잘못하는 바람에 스스로 자기 삶을 망치고 있다고 한들, 우리는 그것을 이유로 그 사람의 삶을 더 망치게 해서는 안 된다. 되레 그 사람을 처벌하겠다는 생각보다는 그런 행동을 해서 그 사람에게 닥칠 나쁜 일들을 피하게 해주거나, 문제를 해결할 방법을 가르쳐서 그 사람의 벌을 가볍게 해주는 편이 더 나을 것이다. 그 당사자는 우리에게 동정이나 혐오의 대상이 될 수는 있어도, 분노나 적개심의 대상은 아니다. 그 사람을 마치 사회의 원흉이나 되는 양 대해서는 안 된다. 그럴 때 우리가 정당한 범위 내에서 가장 가혹하게 할 수 있는 처사는, 그 사람에게 관심을 보이고 염려하는 마음으로 간섭하는 것을 제외하면, 그냥 놔두는 것이다. 하지만 그 사람이 개인적으로나 집단으로 주변 사람을 보호하기 위해 마련한 규칙을 위반한다면 이야기가 완전히 달라진다. 그의 행동이 불러온 나쁜 결과는 그 자신이 아닌 다른 사람에게 피해를 준 것이므로 사회는 모든 구성원을 보호하는 차원에서 그에게 응징을 가해야 한다. 명백한 징벌을 목적으로 그에게 고통을 주되, 그 처벌이 충분히 고통스러울 수 있도록 주의해야 한다. 어떤 경우에는 그 사람은 범법자로 법정에 있고, 우리가 그 사람을 심판하는 자리에 앉아 이렇게 저렇게 직접 선고를 내려야 한다. 반면 다른 경우에는, 우리가 자기 일을 처리하면서 자유를 사용할 때(그가 자기 일을 처리할 때 우리가 허용한 자유와 똑같은 것이다) 우연히 가해진 것이 아니라면, 우리는 그에게 그 어떤 고통을 주어서도 안 된다.

여기서 나는 우리 삶에서 본인에게만 관련이 있는 부분과 타인에게도 관계가 있는 것을 구분했다. 하지만 이런 나의 주장을 받아들이지 않으려는 사람들도 있을 것이다. 아마 이런 질문을 받을 수도 있다. 어떻게 한 사회 구성원의 행동이 다른 구성원들과 아무런 관계가 없다는 말인가? 사회와 완전히 동떨어진 채 고립되어 사는 사람은 없다. 어떤 사람이 적어도 자신과 가까운 관계에 있는 사람들은 물론 때로는 자신과 별로 상관없는 사람들에게 아무런 영향을 미치지 않고, 오직 자기 자신에게만 심각하게, 그리고 항구적으로 해를 끼친다는 것은 사실상 불가능하다. 어떤 사람이 자신의 재산에 손해를 입힌다면, 그 사람은 그 재산을 통해 직간접적으로 도움을 받아온 사람들에게 피해를 입힐 뿐만 아니라 사회의 부를 감소시킨다. 만약 어떤 사람이 자신이 발휘할 수 있는 심신의 능력을 현저히 떨어뜨려 일정 부분 그 사람에게 기대어 행복을 추구하는 모든 이에게 해를 끼치고, 자기 주변 사람에게 진 신세를 갚지 못하게 되면, 결과적으로 그들의 보호나 자선을 바라는 짐스러운 존재가 될 수도 있다. 이런 일이 빈번해지면, 그 어떤 위법행위를 벌이는 것보다 사회 전체를 놓고 보면 가장 큰 이익을 빼앗는 형국이 된다. 마지막으로 누군가가 자신의 악행이나 어리석은 행동으로 타인에게 직접 해를 끼치지는 않더라도, 좋지 못한 본보기를 세워 세상에 해악을 끼칠 수 있다. 그런 이유로 그 사람의 행동을 본보기 삼아 타락하거나 잘못된 길로 들어설 수 있는 사람들을 위해서라도 강제로 막아야 한다고 주장하고 나서는 사람도 있을 것이다.

심지어 이렇게 덧붙이는 사람들도 있으리라. 올바르지 못한 행동의 결과가 오로지 그런 일을 벌인 부도덕하고 생각이 모자란 한 개인에게만 국한되어 있다고 하더라도, 사회 구성원으로 살아갈 자격이 없는 이런 사람들을 사회가 방치해서 제멋대로 하게 놔둬도 괜찮은 것인가? 사회가 어린이나 미성년자들의 경우 그들의 의사와 상관없이 보호해주어야 한다면, 마찬가지로 나이는 들었으나 자기 통제 능력이 현저히 떨어지는 성인들도 보호해주어야 하지 않을까? 만약 도박과 술주정, 음란함이나 나태함, 불결함 등이 법으로 금지한 행위들 못지않게 사람들의 행복을 해치고 개인의 발전에 방해가 되는 요소라면, 법은 그 실용성과 사회적 편의가 부합하는 한, 당연히 이런 행위들도 법으로 규제해야 하는 것 아닌가? 그리고 불완전한 법을 부득이하게 보완하기 위해 적어도 여론이 최소한 이런 악행을 방지할 경찰 역할을 맡아서라도 그런 악행을 일삼는 자들에게 준엄한 사회적 처벌을 가해야 하지 않을까? (이쯤에서 다음과 같이 주장할 수도 있을 것이다.) 개성을 제한하거나, 새롭고 독창적인 생활방식을 찾아보려는 실험을 방해해서는 안 된다는 사실이다. 이 사실만큼은 의문의 여지가 없다. 다만, 유일하게 금지해야 하는 것이 있다. 역사가 처음 시작되고 나서 오늘에 이르기까지 수없이 시도한 결과 올바르지 못하다는 결론에 이른 사실, 다시 말해 그 누구의 개별성에도 유익하거나 적합하지 않다고 밝혀진 사실이다. 도덕적이거나 신중하게 다루어야 할 사안이 확정적인 진리로 자리매김하기까지는 상당한 시간과 경험이 필요하다. 그러하니, 우리 조상이 벼랑 끝에서 죽음으로 내몰렸듯 후손들이 대대손손 또다시 벼랑 끝으로 내몰리지 않기를 바랄 뿐이다.

　나는 어떤 사람이 자신에게 위해를 가하는 행동이 동정심과 이해관계를 통해 그와 가까운 사람들, 그 정도가 좀 덜하더라도 사회 전반에 영향을 미칠 수 있음을 충분히 인정한다. 이런 행위 때문에 한 사람이 타인에게 지고 있는 명백한 의무를 이행하지 못하면, 이제는 자기 자신에게만 관계되는 행동 영역에서 벗어나 그야말로 도덕적 비난의 대상이 될 수밖에 없다. 가령, 어떤 사람이 무절제나 심각한 낭비벽으로 자기가 진 빚을 갚을 수 없게 되거나 가족에게 도덕적으로 져야 할 책임이 있는데도 똑같은 이유로 그들을 부양할 수 없거나 자식을 교육할 수 없게 된다면, 그 사람은 당연히 비난받아야 마땅할 뿐만 아니라 처벌을 받아도 부당하지 않을 것이다. 그러나 그가 그런 신세가 된 까닭은 가족이나 채권자에 대한 의무를 다하지 못한 탓이지, 결코 낭비벽 때문이 아니다. 만약 가족에게 썼어야 할 돈이 가장 신중한 투자를 하는 데 쓰였다고 해도, 도덕적 책임은 달라지지 않을 것이다. 조지 반웰George Barnwell(영국 극작가 릴로Lillo, G.가 지은 희곡 속

인물이다-옮긴이)이라는 자는 애인에게 줄 돈을 마련하려고 자기 삼촌을 살해한 인물인데, 그가 자기 사업을 일으키려고 그런 범행을 저질렀다고 해도 똑같이 교수형을 당했을 것이다. 게다가 아주 흔한 일이지만, 나쁜 버릇이 들어 가족을 울리는 사람도 몰인정함과 배은망덕을 이유로 비난받아야 마땅하다. 그러나 나쁜 습관은 아니더라도 그 사람과 같이 사는 사람들이나, 또는 자신들의 편의를 위해 그에게 도움이 필요한 여러 사람한테 고통을 안긴다면 똑같은 비난에서 벗어나지 못할 것이다. 일반적으로 다른 사람의 이익과 감정을 배려하지 못하는 사람은 누구든 ― 강제적인 의무 사항은 아니지만, 개인적인 선호에 따라 내키는 대로 할 수 있는 것은 아니다 ― 도덕적 비난의 대상이 될 수 있다. 그러나 배려하지 못한 원인이나, 또는 아주 약간은 그렇게 하게 만든 원인일 수는 있어도 단지 그 사람한테만 관계있는 잘못에 대해서는 비난할 수 없다. 마찬가지로 순전히 자기 자신에게만 관계된 일로 자신을 망가뜨렸다고 하더라도 그 사람에게 주어진 명확한 공적 의무를 수행하지 못하게 된다면 사회적 범죄를 저지르고 있다고 볼 수 있다. 술에 좀 취했다고 해서 처벌을 받지는 않는다. 그러나 군인이나 경찰이 공무 중에 술에 취한다면, 마땅히 처벌 대상이 된다. 간추리면, 어떤 행동이 다른 개인이나 공공에 명백한 손해를 끼치거나, 또는 손해를 입힐 위험이 있을 때, 그 행동은 즉시 자유의 영역에서 벗어나 도덕이나 법적 처벌의 대상이 된다는 점이다.

어떤 사람은 딱히 공공의 의무를 위반한 것도 아니고, 또 자기 자신을 제외하면 그 누구에게도 명백한 침해를 가하지 않는데도 사회에 불확정적이거나 추정적인 피해를 줄 수 있다. 하지만 이 정도의 불편은 자유라는 좀 더 큰 이익을 위해 충분히 감수할 수 있는 것이다. 자기 자신을 돌보지 않는다는 이유로 다 큰 성인들을 처벌해야 한다면 차라리 그들을 위해서라고 둘러대는 게 좋다. 자기 능력을 저하하지 못하도록 해야 한다거나, 사회에 유익한 사람이 되게끔 만들어야 한다는 명분으로 간섭하는 건 옳지 않다. 사회는 성취를 강요할 권리가 없다. 하지만 나는 사회가 나약한 구성원들을 합리적 행동의 수준까지 끌어올려줄 아무런 수단도 마련하지 않고서 그들이 무언가 불합리한 행동을 하기라도 하면 법적, 도덕적 처벌 외에는 달리 도리가 없다는 듯한 주장에는 절대 손을 들어줄 수 없다. 우리 사회는 그들의 나약한 구성원들의 생애 초기에는 절대적인 권한을 행사한다. 사회의 구성원들이 유년기와 미성년 기간에 있을 때 장차 사회에서 살아가면서 이성적으로 행동할 수 있도록 이끌어주려고 노력한다. 현세대는 다가올 세대의 교육과 전반적인 환경을 극복할 수 있다. 물론, 이 세대가 개탄스러울 정도로 덕성과 지혜가 부족하다면 다음 세대 역시 완벽하거나, 지혜로운 세대로 만들 수 없다. 오늘날 사회가 기울이는 최선의 노력이 개별적인 경우에서 항상 성공을 거두지는 않는다. 하지만 후세대들 전체를 자신들만큼, 또는 자기들보다 더 낫게 만드는 건 가능하다. 만약 사회가 구성원 대다수를 어른으로 성장하게 하지 못하고 어린아이처럼 살게 놔둔다면, 그래서 그들이 장기적인 계획을 세우고 합리적으로 행동하지 못하게 된다면, 사회 전체가 책임져야만 한다. 사회가 교육의 전권을 쥐는 데 그치지 않고, 다수 여론을 앞세워 스스로 판단할 능력이 전혀 없는 사람들을 지배할 힘까지 장악하고 있다. 어디 그뿐인가. 그 사실을 아는 사람들의 혐오나 경멸을 불러일으키는 사람들에게 반드시 내려진다고 하는 자연발생적 처벌(천벌)의 도움까지 받고 있으니 사회가 각 개인의 사적인 문제까지 파고들어 명령을 내리며 복종을 강요하는 권력이 필요하다고 주장해서도 안 된다. 개개인의 사적 문제는 그 어떤 정의와 원칙과 정책에 비추어봐도 그 결과에 영향을 받는 당사자가 책임져야 할 일이다. 사람의 행동에 영향을 주는 더 좋은 수단에 흠집을 내서 그 효과를 물거품으로 만들려면 정확히 더 나쁜 수단을 동원하면 된다. 사리분별이나 자제력을 강제로 주입하려고 하는 사람들 틈에 활력 있고 독립심 강한 이가 있다면 속박에서 벗어나기 위해 완강히 저항할 것이다. 그들은 타인의 간섭을 용납하지 않는다. 타인의 사적 문제에 관여하려 했을 때 그 또한 제지당했기 때문이다. 그러므로 불법적으로 빼앗은 권력 앞에서 굴하지 않고 권위가 명하는 것에 반박하는 것이야말로 기백과 용기의 표상으로 여겨진다. 이를테면 찰스 2세가 다스리던 시대에 청교도들의 편협하고 광신적인 도덕률에 대한 반발로 상스럽고 속된 분위기가 이어졌듯 말이다. 사악하거나 제멋대로 행동하는 이들이 다른 사람에게 나쁜 행동의 예를 보여주지 못하게 막아야 한다고 말하는 사람들이 있다. 좋지 못한 선례를 남기고, 특히 나쁜 행동을 하고도 처벌받지 않으면 사회에 해악을 끼친다는 점은 사실이다. 하지만 우리가 지금 논의하는 사항은 다른 사람에게는 아무런 해도 끼치지 않고, 당사자인 본인에게만 해를 끼칠 경우다. 나는 어떻게 좋지 못한 사례에서 사회를 보호해야 한다고 믿는 사람들이 그와 같은 사례가 대체로 유해하기보다는 유익함을 더 많이 주고 있음을 깨닫지 못하는지 이해되지 않는다. 왜냐하면 만약 그런 일이 위법한 행위를 보여주고 있다면, 그 또한 그런 행위가 정당하게 비난받을 때 우리가 가정할 수 있는 대부분 경우에 나타나게 될 고통스럽거나 수치스러운 결과를 보여줄 수 있어서다. 그러나 사회가 순전히 개인적인 행동에 간섭해서는 안 된다고 주장하는 모든 논의 중에서도 가장 중요한 것은, 그런 간섭을 하게 되면 그것이 올바르지 못한 방식으로 잘못된 곳에서 일어날 여지가 있기 때문이다. 사회의 도덕률이나 타인에 대한 의무를 둘러싼 대중, 즉 압도적 다수의 의견은 이따금 틀리기는 해도 옳을 때가 더 많다. 왜냐하면 자신들의 이해관계가 걸린 이런 문제와 관련해서는 특정한 행동 방식이 실행에 옮겨질 때 그들 자신에게 미칠 영향을 염두에 두고 판단하기 때문이다. 그러나 똑같은 다수의 의견이라고 해도 자기에게만 관련된 행위를 놓고 소수자에게 법으로 부과된 행위에서는 옳을 때만큼이나 틀릴 때도 많다. 그런 경우 여론이란 기껏해야 일부 사람이 다른 사람들에게 품고 있는 좋거나 나쁜 것을 판단하는 의견에 불과하며, 실제로는 그들이 비난하는 사람들의 쾌락이나 편의를 강 건너 불 보듯 아무렇지 않게 무시하고는 자신들이 선호하는 것만을 추구하기 때문이다. 이들 중 다수가 스스로 좋아하지 않는 행동은 전부 자신에게 해를 가하는 것으로 생각하고서 마치 자기감정이 모욕이나 당한 것처럼 극단적인 혐오를 드러내기도 한다. 가령, 종교적으로 매우 편협한 시각을 가진 사람이 타인의 종교적 감정을 무시한다는 비난을 사게 되면 되레 상대방이야말로 혐오스러운 예배 의식이나 교리를 고집하여 자기감정을 무시한다고 쏘아붙이는 격이다. 그러나 어떤 사람이 자신의 의견을 옹호하는 감정과 그 사람이 그런 의견을 가져서 기분이 상한 타인의 감정 사이에는 공통점이 없다. 이는 다른 사람의 돈을 훔치고 싶어 하는 도둑의 욕망과 지갑의 주인이 그것을 뺏기지 않으려고 하는 욕망이 완전히 다른 것과 똑같은 이치다. 개인의 취향 역시 그 사람의 의견이나 지갑 못지않게 고유한 관심사다. 보편적인 경험상 받아들일 수 없는 행동은 자제하도록 요구하되, 모든 불확실한 문제에 대해서는 개인의 자유와 선택에 맡기는 이상적인 사회를 상상하기란 어렵지 않다. 그렇지만 개인을 검열하는 데 제한을 두려고 했던 사회가 과연 존재했던가? 또는 대중이 그런 보편적 경험에 대해 고민해본 적이 있었던가? 사회가 개개인의 행동에 간섭하게 되면 대중은 그 사람이 자신들과 다르게 행동하거나, 다른 감정을 품고 있다는 사실을 범죄라고 생각하는 것 말고는 다른 생각이 파고들 여지가 없다. 모든 도덕가와 사변思辨 작가 중 열에 아홉은 알게 모르게 본래의 정체를 숨기고 이런 판단 기준을 종교와 철학의 명령으로 그럴싸하게 포장해 보통 사람들에게 내세운다. 이들은 우리가 옳다고 생각하기 때문에 옳다. 다시 말해 우리가 옳아야 한다고 생각하기 때문에 옳다고 가르친다. 그리고 우리에게 자신과 다른 모든 사람을 한 덩어리가 되게끔 묶어주는 행동 법칙을 우리의 정신과 마음에서 찾으라고 말한다. 불쌍한 대중은 이런 명령을 받들어 선과 악을 구분하는 지극히 개인적인 감정을 형성하는 것 외에 무엇을 할 수 있겠는가?

여기에서 지적되는 폐해는 단순히 이론상으로만 존재하지 않는다. 아마도 내가 이 시대를 살아가는 영국의 대중이 자신들의 선호에 부적절하게 도덕률의 특성을 입히는 구체적인 사례를 들어 보여주기를 기대하고 있을지도 모르겠다. 나는 지금 정도에서 벗어난 기존의 도덕 감정에 관한 글을 쓰고 있는 게 아니다. 이 문제는 매우 중대해서 단순히 덧붙여 말하거나 하나의 예로써 제시될 사안이 아니다. 그렇지만 내가 주장하는 원칙은 중요하며 시기와도 잘 맞물리고, 또한 가상의 폐해에 맞서 장벽을 치려고 하는 게 아님을 보여주기 위해서라면 실례를 들어 보여줄 필요가 있다. 이른바 풍속 경찰이라는 존재가 누구도 의심하지 않을 개인의 합법적인 자유를 침범할 때까지 그 활동 영역을 넓혀가고 있다. 인간의 가장 보편적인 성향 중 하나를 보여주는 이런 사례는 수없이 많다. 첫 번째 예로, 종교적 견해가 다른 사람들이 자기와 똑같은 종교의식, 특히 종교적 금욕을 실천하지 않는다는 이유만으로 품게 되는 여러 반감을 생각해보라. 다소 사소한 예가 되겠지만, 기독교인의 교리나 관습 중 그들이 돼지고기를 먹는다는 사실만큼 기독교도들에 대한 이슬람교도들의 증오를 불어넣는 것도 없다. 이슬람교도들은 허기를 채우는 이 특별한 방식에 노골적인 혐오감을 드러낸다. 하지만 기독교도들과 유럽인들이 그 정도로 혐오감을 드러내면서 바라보는 행위는 거의 없다. 무엇보다도 돼지고기 섭취는 그들의 종교에 도전하는 행위다. 그러나 이 정도 사실로는 결코 이슬람교도들이 품고 있는 반감의 정도나 종류를 설명하지 못한다. 왜냐하면 이슬람교에서는 포도주를 마시는 행위 또한 금지되어 있지만, 그렇다고 해서 혐오스러움을 느끼지는 않기 때문이다. 그들이 이 '불결한 짐승'의 살코기를 아주 싫어하는 것은 포도주에 대한 반감과는 다른 독특한 특성이 있다. 이런 반감은 불결하다는 생각이 일단 감정 안으로 깊숙이 스며들고 나면 청결한 습관이 몸에 배지 않은 사람들에게마저 본능적인 감정처럼 항상 자연스럽게 일어난다. 이 가운데 종교적인 불결함을 가장 강렬하게 느끼는 힌두교도들이 아주 좋은 예다. 그렇다면 국민 대다수가 이슬람교 신자이므로 대다수가 나라 안에서 돼지고기를 섭취해선 안 된다고 주장을 펼치는 경우를 가정해보자. 이슬람 국가에서는 그다지 새삼스러운 일이 아니다. 그러나 그런 주장은 과연 대중 여론이 도덕적 권위를 정당하게 행사한 것일까? 그렇지 않다면, 그 이유는 무엇인가? 돼지고기를 먹는 행위는 분명히 대중에게 혐오감을 품게 한다. 또한 그들은 신이 돼지고기 섭취를 금지했고, 혐오한다고 진심으로 믿고 있다. 그렇다고 돼지고기를 먹지 못하도록 막는 것을 종교적 박해라고 비난할 수는 없다. 물론 처음에는 종교적 이유에서 비롯했을 것이다. 그러나 어떤 종교도 돼지고기 섭취를 의무로 삼지 않은 이상, 이를 종교적 박해라고 볼 수는 없을 것이다. 따라서 가장 확실한 근거는 개인의 취향과 개인에게만 관계되는 문제에 대중이 간섭할 권리가 전혀 없다는 점이다. 좀 더 주위에서 보고 들을 수 있는 흔한 예를 들어보겠다. 대다수 스페인 사람들은 로마 가톨릭교회가 인정하는 방식 외의 방법으로 최고 절대자를 예배하는 것은 대단히 불경스러울 뿐 아니라 신에 대한 최대의 모독이라고 생각한다. 그런 까닭에 스페인 땅에서는 다른 형식의 예배 형식은 공인받지 못한다. 게다가 남유럽 사람들은 결혼한 사제를 신앙심 없고, 정숙하지 못하며, 점잖지 못할뿐더러, 아주 무례하며 역겨운 일이라고 여긴다. 청교도들은 이처럼 진실하기 이를 데 없는 굳은 신념과 그런 생각을 가톨릭 신자가 아닌 사람에게까지 강제하려는 시도를 어떻게 생각할까? 하지만, 만약 다른 사람들의 이익과 무관한 일들에 서로의 자유를 간섭하는 것이 정당화된다면, 어떤 원칙으로 이러한 경우들을 일관적으로 배제하는 것이 가능하겠는가? 또한 신과 인간의 관점에서 불미스러운 일을 억누르고 싶어 하는 사람들을 비난할 사람이 어디 있겠는가? 개인적으로 부도덕한 일로 여겨지는 어떤 행동을 금지하고자 할 때, 그런 행동을 불경하다고 여기는 사람들 눈에 이런 관행을 억누르는 것만큼 더 강력한 건 없을 것이다. 우리가 박해자들의 논리를 그대로 받아들여서, 우리는 옳으니까 타인을 박해할 수 있지만, 타인은 옳지 않으니까 우리를 박해할 수 없다고 말하려는 게 아니라면, 우리에게 적용하면 공정하지 못하다는 이유로 절대 받아들이지 않는 원리를 다른 사람들에게 함부로 강요해선 안 될 것이다.

앞서 든 예에 이견이 있을 수 있다. 영국인들 사이에서는 결코 일어날 수 없는 사례를 들고나왔으니 불합리하다고 말할 수 있다. 적어도 영국에서는 육식을 금하거나 자기들 교리나 성향에 따라 다른 사람들이 예배를 보거나, 결혼하느냐 마느냐를 놓고 간섭하지 않기 때문이다. 그러나 다음과 같은 사례는 영국에서도 완전한 자유의 침해에서 벗어났다고 볼 수 없음을 알게 해준다. 미국의 뉴잉글랜드와 공화국 시절Great Britain at the time of the Commonwealth(공화국 시기의 영국은 1649년에 시작되어 1653년까지 지속되었던 크롬웰 치하의 공화국 시기를 일컫는다-옮긴이)의 영국처럼 청교도들이 세력을 크게 떨치던 지역에서는 대중오락 시설은 물론 사적인 오락까지 없애는 데 혈안이 되어 있었는데, 실제로 상당한 성과를 거두기도 했다. 특히 음악, 춤, 단체 놀이 또는 기분 전환을 목적으로 모이는 여러 집회와 극장이 이에 해당했다. 영국에서는 여전히 도덕 및 종교를 명분으로 이런 종류의 유희를 비난받아야 할 활동으로 여기는 사람이 많다. 그리고 주로 중산층에 속하는 이들은 오늘날 영국의 사회 및 정치체제에서 주류를 형성하고 있다. 이제는 그들이 의회 다수 세력을 차지할 날도 얼마 남지 않았다. 그럼, 엄격한 칼뱅주의자들과 감리교 신자들의 종교 및 도덕 감정에 의해 통제를 받아야 하는 오락에 대해 나머지 영국인들은 어떻게 받아들이겠는가? 남의 일에 주제넘게 참견하는 사회의 독실한 구성원들에게 아주 단호하게, 쓸데없이 이래라저래라 간섭하지 말라고 말하고 싶지 않을까? 자기들이 볼 때 좋지 못하다고 생각되는 쾌락은 그 누구도 즐겨서는 안 된다고 주장하는 모든 정부와 대중에 대해서도 같은 말을 하지 않을 수 없다. 이런 주장이 담긴 원리를 허용한다면 아무도 다수 국민 또는 그 나라에서 판치는 세력의 판단에 따라 그러한 원리가 실행되는 경우 논리적으로 반박하기 힘들어진다. 뉴잉글랜드의 초기 정착민들처럼 신앙이 그간 잃어버린 기반을 다시 성공적으로 세우기 위해, 모든 사람은 당시 초기 정착민들이 품었던 기독교 공화국의 이상에 순응할 각오를 해야 한다. 실제로 쇠퇴기에 접어든 종교들이 흔히 그렇게 하고 있다.

위에 언급한 사례보다 더욱더 실현 가능성이 있는 상황을 머릿속에 그려보자. 근대 세계는 대중이 정치에 참여하는 제도가 함께 존재하든 그렇지 않든 의심할 여지 없이 민주적 정치 질서를 지향하는 경향성이 뚜렷하다. 이런 경향이 가장 완벽하게 실현되어 있고, 사회와 정부 모두 가장 민주주의적인 나라인 미국이 이런 사실을 명백하게 보여준다. 미국에서는 대부분 사람이 도저히 따라갈 수 없을 만큼 지나치게 화려하거나 사치스러운 생활 양식에 반감을 품는 사람이 워낙 많아서 다수의 이런 감정이 일종의 사치 금지법 역할을 하기에 어느 정도 효과를 발휘한다. 사정이 이렇다 보니 미국의 많은 지역에서 돈이 아무리 많아도 대중의 따가운 눈총을 받지 않고 소비 활동을 한다는 건 정말 힘든 일이 되었다. 물론 이렇게 말하면 실제 사실을 상당히 부풀려 설명한 측면이 있기는 하지만, 이런 일은 충분히 상상해봄 직한 일이고, 개인이 각자 벌어들인 돈을 소비하는 행태에 대중이 거부권을 행사할 수 있다는 생각이 감정과 결합한 결과치고는 참으로 그럴싸하며, 또 가능한 일이다. 더 나아가, 사회주의자의 생각이 확산하는 경우를 상상해보자. 이런 상황에서는 아주 미미한 수준 이상의 재산을 소유하거나, 또는 노동이 아닌 방법으로 벌어들인 소득이 있으면 대중의 눈에 부끄러운 일로 비친다. 이런 생각과 원칙적으로 비슷한 의견이 장인匠人계급에서 널리 퍼져 있었는데, 바로 그 계급의 의견을 잘 받아들이는, 즉 그 계급의 구성원들에게 커다란 압박으로 작용하고 있다. 각종 산업 분야에서 직공의 절대다수를 차지하는 미숙련 노동자들에게 확고하게 자리 잡은 생각은, 자신들도 숙련 노동자들만큼은 벌어야 한다는 것인데 품삯을 받거나 다른 일을 해서든, 더 좋은 기술을 사용하든 더 열심히 일하더라도 그렇지 못한 사람들이 벌 수 있는 것보다 더 높은 임금을 받아서는 안 된다고들 한다. 그들은 일종의 감찰반을 두고 숙련 노동자들이 일을 더 잘한다고 돈을 더 많이 받거나, 또는 고용주가 돈을 더 주지 못하도록 감시하고, 때로는 물리적인 폭력을 행사하기도 한다. 사적인 문제들에 간섭할 권한이 있다면, 나는 이 사람들이 하는 일이 잘못되었다고 말할 수 없을 것이다. 또한 사회 전체가 구성원들에게 행사하는 것과 똑같은 권한을 개인이 속한 특정 단체가 구성원 개인에게 행사한다고 해서 비난할 수도 없을 것이다.

하지만 가상의 사례를 놓고 논의하지 않더라도, 오늘날 사생활의 자유가 실제로 광범위하게 침해받을뿐더러 더 심각한 침해가 실제로 쉽사리 이루어질 가능성이 더 커졌다. 대중이 틀렸다고 판단한다면 뭐든 법으로 금지할 수 있을 뿐 아니라, 대중이 나쁘다고 생각하는 것을 발견하기 위해 해가 없다고 인정되는 일조차 무제한 금지할 권리가 있다는 생각이 힘을 받고 있다.

과음을 방지한다는 명분 아래, 영국의 한 식민지와 미국에서 거의 절반에 달하는 지역 주민들에게 치료용 목적을 제외한 모든 발효 음료 제조를 법으로 금지하고 있다. 판매를 금지하는 것이 본래 취지와 같이 사실상 발효 음료의 사용을 금지하는 것이기 때문이다. 그러나 이 금주법을 채택했던 미국의 여러 주에서는 그 법을 실제 집행하기 어려워지자 결국 폐지했다. 그중에는 그 법의 이름을 따온 주Maine Law(1851년 미국의 메인주에서 최초로 금주법이 통과되었기 때문에 붙은 이름이다-옮긴이)도 포함되어 있었다. 그런데도 이른바 박애주의자라는 사람 대다수가 영국에서

같은 법을 제정하려고 열성적으로 활동하고 있다. 이를 위해 자칭 '동맹United Kingdom Alliance(1853년 너새니얼 카드가 미국의 절주 협회를 본떠 설립했다-옮긴이)'이라는 조직이 만들어졌다. 이 단체는, 정치인의 의견은 모름지기 원칙에 근거해야 한다고 주장하는 몇 안 되는 영국인 중 한 명이던 스탠리 경Lord Stanley(1826-1893, 보수당 소속의 하원의원으로 외무장관과 인도장관 등을 지냈다-옮긴이)과 단체의 사무총장이 주고받은 편지가 공개되면서 세간에 알려지게 되었고 상당한 악명을 떨쳤다. 스탠리 경은 일찍이 그에게 희망을 걸고 있던 사람들에게 자신에 대한 확신을 강화할 목적으로 이 편지를 쓴 것으로 추정되는데, 이들은 스탠리 경이 그의 정치 인생에서 보여준 여러 자질이 당시 정계에서는 좀처럼 찾아보기 힘든 것임을 잘 알고 있던 사람들이다. '동맹'의 사무총장은 편협한 신앙과 박해를 정당화하는 데 모든 원리가 왜곡될 수 있다는 인식에 크게 개탄하면서 그런 원리와 단체의 원칙을 갈라놓는 '거대하고 넘을 수 없는 장벽'이 놓여 있다고 단언한다. 그는 "사상, 의견, 양심과 관계된 모든 문제는 법적 테두리 밖에 있으며, 국가의 재량권이 인정될 사회적 행위, 습관, 관계와 관련된 것만이 입법의 영역에 놓일 수 있다"라고 말한다. 그러나 제3의 영역, 즉 그 둘 중 어느 쪽도 아닌, 다시 말해, 개인적인 행동이나 습관에 대해서는 아무런 언급이 없다. 발효주를 마시는 행동이 바로 여기에 속한다. 발효주를 파는 것은 상거래 활동이고, 그것은 분명히 사회적 행동이다. 그러나 침해받은 것은 판매자의 자유가 아니라 구매자와 소비자의 자유다. 그 이유는 국가가 고의로 개인의 주류 구매를 막은 것은 결과적으로 음주를 금지하는 것과 다름없기 때문이다. 그 사무총장은 이에 대해 "내 사회적 권리가 다른 사람의 사회적 행동으로 침해받을 때, 나는 한 사람의 시민으로서 내가 가진 권리를 행사하여 입법 조치를 요구할 수 있다"라고 말한다. 그럼, 여기서 말하는 '사회적 권리'란 무엇인지 알아보도록 하겠다.

"나의 사회적 권리는 침해하는 것이 있다면, 그것은 독한 술을 거래하는 것이다. 왜냐하면 그것은 끊임없이 사회적 무질서를 야기하고 조장하여 안전이라는 나의 기본권을 침해하기 때문이다. 또한 내 세금으로 도와줘야 할 빈곤층을 양산하여 그들에게서 이득을 취하기 때문에 나의 평등권을 침해한다. 그리고 내가 나아가는 길을 위험한 것들로 둘러싸서 서로 돕고 소통할 권리가 있는 사회를 약화하고 어지럽게 함으로써 자유로운 도덕적, 지적 발전을 추구하려는 나의 권리를 침해한다."

'사회적 권리'에 대해, 그 비슷한 생각에 대해서도 이렇게 뚜렷한 의견을 표명한 것은 아마도 그가 처음일 것이다. 바로 모든 측면에서 다른 모든 개인이 응당 해야 할 바에 따라 행동하는 것은, 각자가 가진 절대적인 사회적 권리라는 것이다. 그러므로 그것에 대해 아주 작은 사항이라도 이행하지 않은 자는 나의 사회적 권리를 침해하는 것이며, 나는 입법부에 문제의 해결을 요구할 수 있다고 주장한다.

이런 터무니없는 원리야말로 자유를 침해하는 단일 사안보다 훨씬 더 위험하다. 이 원리에 따르면 어떤 자유를 침해하든 전부 정당화될 수 있기 때문이다. 이는 아마도 자기 의견을 가슴속 깊이 묻어둔 채 절대 입 밖에 꺼내지 않는 경우를 제외하면, 자유에 대한 그 어떤 권리도 인정하지 않는다. 유해하다고 생각되는 어떤 의견이 누군가의 입 밖으로 흘러나오는 순간, 이 '동맹'이 나에게 허용한 모든 '사회적 권리'가 전부 침해당하기 때문이다. 이 '동맹'이 역설하는 원칙은 모든 이에게 서로의 도덕적, 지적, 심지어 육체적 완벽함을 추구하는 데 대한 확정적 권리를 부여하고, 그 완벽함의 정도는 문제를 제기하는 사람에 따라 각자 기준에 맞춰 정해진다.

개인이 누려야 할 정당한 자유를 간섭해온 또 다른 중요한 사례로 안식일 엄수에 관한 법률이 있다. 이는 단순히 부당한 침해를 위협하는 데 그치지 않고 오랫동안 성공적으로 지켜졌다. 당연히 여건만 허락된다면 일주일에 하루 정도 일상적인 근로에서 벗어나 휴식을 취하는 것은 유대인을 제외하면 누구에게나 종교적 의무를 떠나 대단히 바람직한 관습이라고 할 수 있다. 노동자 계급에서 그 효과를 둘러싼 일반적인 합의 없이는 이 관습이 준수될 수 없다는 점을 고려하면, 일부 노동자가 휴일에도 나와 근무함으로써 다른 사람까지 일하게 만들지 않도록 일주일에 하루 정도 법으로 대부분 산업이 조업을 중단하고 저마다 다른 사람들의 휴일을 준수하게 하는 것은 정당하다. 그러나 개인이 이러한 관습을 준수하는 과정에서 다른 사람들이 누릴 직접적인 이익에 기반해 정당성을 얻는다고 해도 여가를 활용해서 할 만하다고 스스로 판단한 일에까지 적용하는 건 온당한 처사가 아니다. 또한 개인이 재미로 하는 일에까지 법이 개입하여 제한하는 것 또한 바람직하지 못하다. 물론, 작정하고 노는 누군가의 하루가 다른 사람에게는 노동의 날이 될 수도 있다. 그러나 유익한 오락은 말할 것도 없고, 다수의 쾌락을 위해 소수의 사람이 노동을 제공하는 것은 그만한 가치가 있을 수도 있다. 다만, 그 노동은 자유로운 선택에 따라 이루어져야 하고, 언제든 그만둘 수 있어야 한다. 모든 사람이 일요일에도 일한다면, 6일 치 임금을 받고서 7일 동안 일을 하게 되는 건 아닐까 하는 노동자들의 생각은 지극히 타당하다. 그러나 대다수 사람의 업무가 일시 중단되는 한, 다수의 즐거움을 위해 쉬지 않고 일해야 하는 소수자는 그에 비례하여 더 많은 돈을 받고, 만약 돈을 더 버는 것보다 여가를 즐기고 싶다면 일을 계속할 필요는 없다. 또 다른 개선책이 필요하다면, 특별히 그런 일을 하는 사람들을 위해 주중의 다른 날을 공휴일로 확립할 수도 있다. 결과적으로 일요일 유흥을 제한하는 유일한 근거는 종교적으로 잘못되었다는 판단 때문이다. 이러한 입법 동기는 결코 용납될 수 없다.

'신은 자신을 모욕하는 것에 대해서만 신경을 쓴다Deorum injuriæ Diis curæ.'

다른 사람들에게는 아무런 해악이 되지 않지만 소위 전능자인 신을 모욕한 행위에 해당하므로 사회 또는 그 사회의 어떤 관리가 신을 거역한 죄로 처벌하는 것이 과연 높은 곳에 계신 신으로부터 부여받은 사명인지는 아직 입증되지 않았다. 다른 사람들을 자신들과 같은 종교 계율에 복종하게 할 의무가 있다는 믿음이야말로 지금까지 계속된 종교 박해의 시작점이었다. 다른 사람도 똑같이 신을 독실히 섬겨야 한다는 믿음이 지금까지 자행된 모든 종교적 박해의 토대였다. 이런 생각이 받아들여진다면, 그와 같은 박해도 충분히 정당화할 수 있을 것이다. 비록 여러 차례 일요일의 기차 여행을 금지하려 하거나, 박물관 문을 여는 것에 반대 목소리를 높이거나, 혹은 그와 유사한 여러 움직임 속에서 나타나는 감정이 과거 종교를 내세워 박해하던 때처럼 잔인하지는 않지만, 그 마음 상태는 근본적으로 같다. 이는 단지 박해자들의 종교가 허용하지 않는다는 이유로 다른 종교를 믿는 사람들이 그들의 교리에 따라 하는 일을 용납하지 않겠다는 결의에 불과하다. 또한 신은 그런 이교도들의 행동을 증오하는 것은 물론, 그들이 그릇된 신앙을 믿도록 그냥 놔둔다면 우리 자신도 죄가 없지 않다는 믿음에 기초한다.

일반적으로 인간의 자유에 관한 중요성을 보여주는 사례를 하나 더 들어보겠다. 영국의 언론은 모르몬교라는 희한한 현상에 주목할 때마다 핍박과 다를 바 없는 거친 표현을 마구 쏟아내면서 박해를 가하고 있다. 신문과 철도와 전신이 보급된 이 시대에, 이른바 새로운 계시에 기반을 둔 하나의 종파가 수십만에 달하는 신자를 거느리더니 마침내 한 사회의 토대를 닦았다. 그마저도 명백한 사기 행각의 산물로 보이는 데다 그 창시자의 비범한 자질이 권위에 의해 인정받고 있지도 않은 상황에서 말이다. 이런 예상치 못한 현상에 시사점이 많다 보니 언론에서는 그만큼 쏟아낼 말이 많았을 것이다. 우리가 관심을 가질 수밖에 없는 사실은, 다른 종교 혹은 더 우월한 종교와 마찬가지로 모르몬교에도 순교자들이 있다는 점이다. 예언가 겸 창시자인 인물은 자신의 교리를 전도한다는 이유로 폭력적인 대중에 의해 죽음을 맞았다. 다른 추종자들 역시 무법적인 폭력으로 목숨을 잃었다. 그들은 자신들의 고향에서 추방당했다. 영국인 중에서도 사막 한복판의 고립된 벽지로 피신해 있는 그들에게 원정대를 보내서라도 자신들의 생각을 따르도록 강요하는 것이 (성가신 경우를 제외하면) 옳은 일이라고 공언한다. 모르몬교 교리 중 무엇보다도 사람들의 반감을 불러와 종교적 관용이라는 통상적 제약을 깨뜨리게 만든 빌미는 바로 그들이 일부다처제를 허용하고 있다는 점이다. 이슬람 선지자 마호메트 추종자, 힌두교도, 그리고 중국인들 사이에서 용인하고 있는 일부다처제는 눈감아줄 수 있지만, 영어를 사용하고 기독교도라고 자처하는 사람들이 그런 짓을 용인한다는 사실에 참을 수 없는 증오를 불러오는 모양새다. 나는 모르몬교의 일부다처제에 누구보다 비판적인 사람이다. 여러 이유가 있지만, 특히 이 종교 집단의 절반에 해당하는 사람들에게는 족쇄를 채우고, 나머지 절반의 사람들에게는 상대방에 대한 의무에서 벗어나게 해준다는 사실이 자유의 원칙을 위반하고 있어서다. 그러나 기억해야 할 점은, 일부다처제로 수난을 겪고 있을 여성들이, 다른 사람들이 다른 결혼제도를 받아들이듯 그 제도를 자발적으로 수용했다는 사실이다. 언뜻 봐서는 대단히 놀라운 일이지만, 세상 사람들의 공통된 생각과 관습으로 설명될 수 있다. 세상의 통념은 여자들에게 결혼이 필수적인 제도라고 가르쳤다. 어쩌면 그 누구의 아내도 되지 않는 것보다 여러 명의 아내 중 한 명이라도 되는 편이 더 낫다는 생각을 심어주었을 수도 있다. 다른 나라에서는 모르몬교들의 생각이라는 이유로 그런 결혼제도를 인정해달라는 요구도, 그 나라에 거주하는 일부 모로몬교도에게 그 나라의 관련 법 적용을 면제해달라는 요구도 받지 않는다. 그러나 그들은 다른 사람들의 극단적인 적대감에 뒤로 물러섰고, 자신들의 교리가 받아들여질 수 없음을 깨닫자 고향에서 멀리 떨어진 아무도 살지 않는 낯선 땅으로 옮겨 가 외딴곳에 정착했다. 다른 나라를 공격한 적도 없고, 그들의 삶의 방식에 불만이 있는 사람들에게는 언제든 떠날 자유를 허용했다. 그런데도 그곳에서 자기 방식대로 살아가는 것조차 금지한다면 전제정치가 아니고서야 도저히 생각할 수 없는 독단이라는 말 외에는 달리 할 말이 없다. 최근 한 저술가가 자기 눈에 문명의 퇴보로 보이는 이런 현상을 방지하려면 십자군crusade이 아닌 ― 그 사람이 직접 만든 표현을 빌리자면 ― 문명군civilizade을 보내야 한다고 제안한 적이 있었다. 일리 없는 주장은 아니다. 하지만 나는 어느 사회든 다른 사회를 강제로 문명화할 권리가 있다고 보지 않는다. 악법으로 고통받는 사람들이 다른 사회에 도움을 요청하지 않은 이상, 그들과 아주 멀리 떨어진 곳에 살고 있으면서 그들 사회와 아무런 관련도 없고 관심도 없는 사람들이, 정작 모르몬교도들은 아무런 거리낌 없이 살아가는 제도를 문제 삼으면서 자기들 눈에 남부끄럽게 보인다는 이유로 직접 개입하여 폐지를 요구할 수는 없는 노릇이다. 그들이 원한다면 선교사를 보내 그런 제도에 반대하는 설교를 하게 하라. 그리고 모든 적절한 수단을 동원하여 (그렇다고 그들 제도를 옹호하는 자의 입을 틀어막는 것은 적절한 수단이 아니다.) 그들 자신의 나라에 비슷한 교리가 퍼지는 것에 대항하도록 하라. 야만이 판을 치던 세상에서 문명이 야만을 굴복시켰다면, 오래전에 제압당한 야만이 다시 세력을 꾀하여 문명을 정복하지 않을까 두려워하는 것은 헛걱정에 불과하다. 이미 정벌한 적에게 다시 무릎을 꿇어야 하는 문명이라면 이미 공인된 사제나 설교사 혹은 누구라도 문명을 수호할 능력도, 의지도 다 남아 있지 않을 만큼 몰락의 길을 걷고 있었을 것이다. 그렇다면 그런 문명은 하루빨리 사라지는 편이 낫다.

그런 문명은 힘이 넘치는 (서로마 제국처럼) 야만인의 손에 파괴되어 재건될 때까지, 상황은 악화에 악화를 거듭할 것이다.

5장

적용

이 책에서 내가 주장하는 원리들은 현실에서 발견할 수 있는 여러 구체적인 문제를 논의하기 위한 기초로써 더욱 일반적으로 받아들여져야 한다. 그런 다음에야 정부가 하는 여러 일이나 도덕 문제와 관련해 조금이나마 도움이 되게끔 일관성 있게 적용해볼 수 있을 것이다. 내가 여기에서 구체적인 현실 문제를 둘러싸고 제안하는 의견은 이런 원리를 설명하기 위함이지, 원리가 어떤 결말에 이르는지 보여주기 위함이 아니다. 나는 적용 사례를 많이 제시하기보다는 몇몇 경우를 골라 그 적용 문제를 짚어볼 것이다. 이러한 실례들은 이 글의 전체 이론을 구성하는 두 개의 일반 원칙에 담긴 의미와 그 한계를 더욱 명확하게 해줄 것이다. 또한 그 두 가지 중 어느 것이 적용되어야 할지 확신이 생기지 않을 때 둘 사이에서 균형을 잡아줌으로써 올바른 판단을 내리도록 도울 것이다.

첫째, 개인은 자신의 행동이 자기를 제외하고 다른 사람의 이해관계에 영향을 미치지 않을 때 사회에 책임지지 않는다. 사회가 그 사람의 행동에 불쾌감이나 반감이 생길 때 당사자에게 정당하게 표현할 수 있는 유일한 방법은 충고, 훈계, 설득, 또는 다른 사람이 자기 이익을 위해 필요하다고 생각되는 경우 당사자를 피하는 것뿐이다. 둘째, 다른 사람의 이익에 해를 끼치는 행동을 했다면 당연히 책임을 져야 하고, 사회가 사회 전체의 이익을 보호하기 위해 사회적 또는 법적 처벌이 불가피하다고 인정된다면, 개인은 그와 같은 처벌을 감수해야만 한다.

우선, 다른 사람의 이익을 침해했거나, 또는 침해의 가능성이 있을 때 사회가 간섭할 수 있지만, 그렇다고 그런 간섭이 언제나 정당화되지는 않는다. 정당한 목적을 추구하는 과정에서 어쩔 수 없이, 그래서 합법적으로 다른 사람에게 고통과 손해를 입힐 수 있고, 다른 사람이 충분히 획득할 가망이 있는 재화를 도중에 가로채는 경우도 심심치 않게 일어난다. 이렇듯 개인 간에 발생하는 이익의 충돌은 때때로 안 좋은 사회제도 때문에 생길 수도 있으나 그런 사회제도가 존속하는 한 이익의 대립은 피할 수 없으며, 어떤 사회제도에서든 마찬가지다. 사람이 너무 많이 몰리는 직종이나 경쟁시험에서 성공을 거두는 사람은 누구나 서로 원하는 대상을 놓고 경쟁을 벌인다. 그 결과 다른 사람을 제치고 선택받은 사람이라면 누구든 타인의 패배를 통해 남의 노력을 헛되게 하거나, 실망하게 해서 혜택을 누리는 것이다. 하지만 흔히 인정하듯이, 결과에 굴하지 않고 원하는 목표를 추구하는 행위는 인류 전체의 이익을 위해 좋은 일이다. 다시 말해, 사회는 경쟁에 진 사람들을 이런 식의 괴로움에서 벗어나게 해줄 법적, 도덕적 권리는 없다. 다만 사기나 배신행위, 또는 물리력 등을 동원하는 등 성공의 수단이 사회의 일반적 이익에 어긋날 경우 사회의 간섭이 요구된다.

다시 말하지만, 상거래는 사회적 행위다. 어떤 종류의 물건이든 대중에게 팔려고 하는 사람들은 누구나 다른 사람들과 사회 일반의 이익에 관계된 일을 한다고 볼 수 있으므로 그와 같은 행위는 원칙적으로 사회가 일정한 권한을 가지고 통제하고 관리할 수 있다. 그래서 한때는 중요하다고 판단되는 모든 제품의 가격을 책정하거나 제조 과정을 규제하는 활동이 정부가 해야 할 일이라고 생각했다.

그러나 오랜 투쟁 끝에 이제는 생산자와 판매자에게 완전한 자유를 허용하면 가장 싼 값에 가장 질 좋은 물건을 원활히 공급할 수 있다는 점이 인정받는다. 물론, 구매자들 역시 어디에서든 물건을 공급받을 자유를 똑같이 누릴 수 있어야 한다는 단 하나의 원칙은 지켜져야 한다. 이것이 이른바 자유 교역론이다. 이것은 이 책에서 주장한 개인 자유의 원리와는 근거가 다르다. 하지만 두 원리 모두 그 바탕이 견실하다. 거래 제한, 혹은 거래 목적의 생산물을 제한하는 행위는 당연히 자유를 구속하는 것이고, 모든 구속은 그 자체로 해악이 된다. 그러나 문제 되는 구속은 사회가 제한을 가할 권한이 있는 일부 행동을 제외하면, 실제로 기대한 결과를 얻지 못하기 때문에 좋지 않다. 개인의 자유 원리는 자유 교역론에 포함되지 않는다. 이와 마찬가지로 자유 교역론의 한계와 관련해 제기되는 여러 문제 속에도 포함되어 있지 않다. 예를 들어, 다음과 같은 질문들을 던질 수 있다. 불량품 제조 사기를 방지하기 위해 공권력은 어느 정도 규제를 가해야 할까? 위험한 작업장에서 일하는 노동자들을 보호하려면 위생상 필요한 예방 조치와 제도를 시행하는 경우 고용주에게 어느 정도까지 강제해야 할까? 이런 의문들은 똑같은 조건에서 사람들을 통제하기보다 자유롭게 놔두는 편이 언제나 좋은 결과를 가져온다는 의미에서 자유를 고려할 사항이 될 뿐이다. 그러나 이런 목적을 위해 그런 목적들이 합법적으로 통제될 수 있다는 사실 또한 원칙적으로는 부인할 수 없다. 반면, 거래 규제와 관련해 생기는 여러 의문의 본질은 자유와 관련된 문제들이다. 가령, 이미 언급했던 금주법Maine Law이나 중국에서 아편을 들여오지 못하도록 하는 것과 독극물 판매를 제한하는 등의 조치가 바로 그런 문제들이다. 요컨대 특정 상품의 확보를 불가능하게 하거나 구하기 어렵게 만드는 모든 경우가 이에 해당한다. 이런 식의 간섭은 생산자나 판매자의 자유가 아닌 소비자의 자유를 침해하기에 부당하다.

이런 사례 중 하나가 독극물 판매와 관련해 새롭게 제기되고 있는 문제들이다. 경찰이라는 기관이 가진 고유한 기능의 정당한 한계는 어디까지인지, 범죄나 사고 방지를 위해 경찰은 어느 정도까지 합법적으로 개인의 자유를 침해할 것인가 하는 문제다. 사후에 범죄행위를 적발하고 처벌하는 것은 물론 미리 예방 조치를 마련하는 것 역시 반론의 여지가 없는 정부의 역할 중 하나다. 그러나 정부의 예방 조치는 사후 처벌보다 그 기능을 남용하여 자유를 침해할 가능성이 훨씬 더 크다. 왜냐하면 한 개인의 자유가 합법적으로 보장되었다고 하더라도 어느 정도는 이런저런 형태로 범죄의 속성을 (그것도 상당한 정도로) 드러낼 여지가 충분한데도 당국은 물론 일반 사람들조차 누군가가 범죄를 준비하고 있음을 분명하게 인지하고도 그 범죄가 일어날 때까지 팔짱을 낀 채 보고 있을 수만은 없기 때문이다. 이럴 때는 정부가 범죄를 예방하기 위해 개입해야만 한다. 만약 독극물이 오로지 살인을 위한 목적으로 구매되고 사용된다면, 독극물의 제조와 판매는 금지되어야 마땅하다. 그러나 독극물은 순수한 의도나 유익한 용도로도 쓰여서 때에 따라 규제가 달라져야 한다. 다시 한번 말하지만, 사고가 발생하지 않도록 경계 태세를 절대 늦춰서는 안 된다. 이는 당연히 공권력이 해야 할 일이다. 어떤 사람이 안전하지 않다고 확인된 다리를 건너려는데 공무원이나 다른 누군가가 이를 목격했다고 가정해보자. 그들이 위험한 다리를 건너려는 사람에게 미처 위험을 알릴 시간적 여유가 없는 통에 뒤에서 그를 붙잡아 당겼다고 해서 당사자의 자유를 침해했다고 볼 수 있는가? 자유란 본래 자기가 하고 싶은 일을 하는 것이지만,

이런 경우 그 사람이 다리가 무너져 강물에 떨어지기를 원했다고 보기는 어렵기 때문이다. 그렇긴 해도, 화를 면치 못할 확실한 위험이 도사리고 있는 상황도 아니고, 단지 그 가능성만이 존재하는 상황에서 위험을 감수할 만한 동기가 충분한 것인지 아닌지는 오직 당사자만이 판단할 수 있다. 그러므로 이 경우 (적어도 그 사람이 어린아이, 또는 제정신이 아니거나 사고 능력을 온전히 발휘하기 힘든 극도의 흥분 상태나 방심한 상태에 있지 않다면) 당사자에게 그 위험성에 대해 경고하는 것만으로도 충분하며, 자기 자신을 위험에 노출한다고 해서 무리하게 막을 수는 없다. 독극물 판매와 같은 문제를 놓고 비슷한 생각을 적용하는 때도 마찬가지다. 우리는 이를 바탕으로 가능한 여러 규제 방식 중 자유 원리에 상충하는 것은 어떤 것이고, 그렇지 않은 것은 어떤 것인지를 결정한다. 일례로 약품에 그 위험성을 경고하는 문구가 쓰인 딱지를 붙이도록 강제한다고 해서 자유를 침해한다고 볼 수는 없다. 그 약품을 구매하는 소비자가 그 약물에 유독한 성질이 있는지 당연히 알고 싶어 할 테니 말이다. 그러나 모든 경우에 의사의 증명서를 요구한다면 때로 합법적인 사용을 위해 그 약품을 구하는 것조차 불가능하게 만드는 것은 물론 비용도 더 많이 들게 될 것이다. 내가 볼 때, 독성 물질을 합법적인 목적으로 사용하고자 하는 사람의 자유를 침해하지 않으면서 이런 유독한 물질을 이용한 범죄를 어렵게 만들 유일한 방법이 하나 있다. 벤담Jeremy Bentham(1748-1832, 영국의 철학자이자 법학자이다. '최대 다수의 최대 행복'을 앞세운 공리주의를 주장했다-옮긴이)의 표현을 빌리자면, '사전에 합당한 구성 요건을 갖춘 증거preappointed evidence'를 제시하도록 하는 것이다. 계약 체결 시 법이 계약 이행 조건으로 계약자의 서명, 증인의 입회 등과 같은 일정한 형식을 따르게 하는 경우는 흔하며, 또 그렇게 해야 맞다. 행여 나중에 분쟁이 발생하더라도 그 계약이 실제로 이루어졌고, 계약 당시 법적으로 효력이 있었음을 입증할 증거로 삼을 수 있어서다. 나아가 이러한 방법을 통해 허위 계약, 혹은 발각되면 그 효력이 무력화될지도 모를 계약의 체결을 막을 수 있다. 범죄 수단이 될 우려가 있는 물품을 판매할 때도 이런 식의 예방 조치를 취할 수 있다. 예컨대 판매자가 물품을 거래한 정확한 시간, 구매자의 성명과 주소, 판매된 물건의 품질과 수량은 물론이고 해당 물품을 구매한 목적을 물은 뒤, 이에 대한 구매자의 답변을 장부에 기록하도록 요구하는 방법이다. 의사의 처방전이 없다면 제삼자의 입회 아래 물품을 구매할 수 있도록 할 수도 있다. 차후에 그 물건이 범죄 목적으로 사용된다고 의심받게 되는 경우, 구매자에게 그 사실을 인지하게 하기 위한 것이다. 이런 규제는 보통 해당 물품을 구매하는 데는 크게 문제 되지 않지만, 남의 눈을 속여 부적절하게 사용하려고 하면 상당히 커다란 걸림돌이 된다.

사회의 고유한 권리에 범죄를 막기 위해 사전 예방책을 취할 수 있다는 사실은, 오롯이 자기 자신에게만 관련이 있는 잘못된 행위에 대해서는 그 행동을 막거나 처벌하는 것이 부당하다는 일반 원칙에 명백한 한계가 있음을 뜻한다. 가령, 만취는 보통 법의 간섭을 받지 않지만, 술에 취해 다른 사람에게 주먹을 휘두른 전과가 있는 사람이라면 특별한 법적 제약이 뒤따라야 마땅하다. 그러므로 그 사람이 다시 술에 취한 모습이 적발되면 그는 처벌을 면치 못할 것이고, 더 나아가 만취한 상태에서 폭력을 행사한다면 더욱 무거운 처벌을 받게 될 것이다. 술에 취하기만 하면 남에게 해를 입히는 사람이 자기 주량을 넘어서서 술에 취하도록 마시는 것은 범죄행위나 다름없기 때문이다. 게으름도 마찬가지다. 어떤 사람이 사회로부터 도움받고 있거나, 또는 게으름이 계약 위반이 되는 경우를 제외하면, 게으르다고 해서 법적 처벌을 받는다는 것은 압제가 아니고서야 있을 수 없는 일이다. 하지만 게으름 때문이든, 아니면 얼마든지 피할 수 있는 일을 이유랍시고 내세워서든 다른 사람에 대한 정당한 의무(예컨대 자녀 양육과 같은 의무)를 다하지 못할 때 강제권을 행사함으로써 그 의무를 이행하게 한다면 압제라고 볼 수 없다.

계속 되풀이하지만, 당사자에게만 해를 끼치는 행위를 법적으로 금지하는 것은 부당하다. 하지만 그런 행위가 많은 사람이 보는 앞에서 공공연히 행해진다면 법으로 금지해야 마땅하다. 미풍양속을 해침으로써 다른 사람에게 피해를 준다면 타인을 상대로 저지른 거나 다름없기 때문이다. 그중 하나가 바로 예절에 어긋나는 행동이다. 이에 대해서는 길게 이야기할 필요가 없다. 그 이유는 우리가 다루는 주제와 직접적으로 관련이 없어서다. 그리고 그 자체로는 비난받을 일이 아닐뿐더러 비난받아서도 안 된다. 다만, 세상에 공개적으로 드러나는 경우 강한 반감을 불러 올 수 있는 행동은 수두룩하다.

여기에 우리가 반드시 대답해야 할 또 다른 질문이 있다. 게다 가 지금까지 설명한 여러 원리와 일맥상통한다. 한 개인의 행동 이 비난을 사기에 충분하더라도 그 해악이 오로지 당사자 본인 에게만 미친다면 자유를 존중하는 차원에서 사회가 금지하거나 처벌할 수 없을 것이다. 그러나 당사자가 자유롭게 할 수 있는 행 동이라고 해서 다른 사람들마저 그러한 행동을 자유롭게 거들어 주거나 부추겨도 되는 걸까? 이 문제는 대답하기가 쉽지 않다. 다 른 사람에게 어떤 일을 하라고 권장하는 것은 엄밀하게 말해 자 기에게만 관계되는 행동이라고 볼 수 없다. 어떤 사람에게 충고 하고 권유하는 행위는 일종의 사회적 행동이기 때문에 타인에게 영향을 미치는 다른 일반적인 행동과 마찬가지로 당연히 사회 적 통제를 받는다. 그러나 조금만 더 생각해보면, 처음 생각이 잘 못되었음을 알 수 있다. 그런 행동이 엄밀하게 개인의 자유로 명 확히 설명될 수는 없다고 해도, 이 원리의 바탕이 되는 근거들이 그 행동에도 적용될 수 있음을 보여주고 있어서다. 사람들이 자 기 자신에게만 관련된 일이 무엇이든 스스로 책임지고 최선이라 고 생각되는 행동을 할 수 있으려면 어떻게 행동해야 하는지 서 로 의견을 교환하거나 제안하는 것처럼 자유롭게 의논할 수 있어 야 한다. 무슨 일이든 해도 된다는 허락을 받는다면, 그 일에 대해 충고하는 것도 허용해야 한다. 그러나 충고를 빌미로 자신의 이익을 챙긴다면, 다시 말해, 그 사람이 생계비를 충당하거나 금전상의 이득을 취하려 사회와 국가가 해악이라고 보는 일을 부추기는 데는 의문이 고개를 들지 않을 수 없다. 이렇게 되면 사실상 문제를 더 복잡하게 만드는 새로운 요소, 즉 공공의 복리와 상반된 이익을 추구하면서 사회의 복리와 반대되는 이익에 근거한 생활방식을 영위하는 사람들의 집단이 등장한다. 이들의 생활방식에 간섭해야 옳은가? 아니면 하지 말아야 하는가? 예컨대 간음은 용인되어야 하고, 도박도 마찬가지다. 그러나 그렇다고 포주가 될 자유, 아니면 도박장을 운영할 자유도 주어져야 마땅한 것인가? 이런 경우는 두 가지 원칙(개인의 자유와 사회의 복리) 사이의 경계선 위에 놓여 있어서 언뜻 봐서는 둘 중 어디 쪽에 더 가까운지를 분간하기가 쉽지 않다. 양쪽 모두 할 말은 있다. 관용을 주장하는 쪽에서는, 생계나 이윤을 추구하기 위해 직업으로 하는 일이라면 이를 범죄로 볼 수 없다. 그런 일은 일관되게 허용되거나 금지해야 한다. 또한 우리가 지금까지 주장해온 원리가 옳다면, 사회는 말 그대로 한 개인에게만 관계되는 일에 그것이 무엇이든 간에, 잘못이라고 결정을 내릴 권한이 없다. 사회는 그런 일을 하지 못하도록 설득하는 정도를 넘어서 관여할 수 없다. 어떤 사람이 그런 일을 하도록 설득하는 것만큼이나 하지 못하도록 설득하는 행위에 대해서도 똑같은 자유를 누릴 수 있어야 한다. 이에 대해 반론을 펼치는 쪽에서는 이렇게 주장할 수 있다.

대중이나 국가가 나서서 개인의 이해관계에 영향을 미치는 어떤 행동을 금지하거나 처벌할 목적으로 그런 행동이 좋은지 나쁜지를 놓고 확고한 결정을 내릴 수는 없어도 그 행동이 나쁘다고 생각한다면 토론에 부쳐서라도 그런 행동이 옳은지 그른지 정도는 따져볼 수 있다고 생각한다. 그렇다면 사회나 국가가 자기 사심을 채우기 위해 남을 꼬드기는 사람, 또는 편파적으로 어떤 행동을 부채질하는 사람 — 국가가 나쁘다고 믿는 쪽에서 자기 배만 불리려고 하는 사람 — 의 영향을 배제하기 위해 부단히 애쓰는 것을 두고 나쁘다고만 할 수 있겠는가. 사람들이 자기 잇속을 챙기려는 목적으로 남을 선동하는 자들의 노림수에서 벗어나 자기 하고 싶은 대로 — 그 행동이 현명하든 어리석든 — 각자 선택할 수 있게 해준다면 특별히 잃을 것도 손해 볼 것도 없다고 주장할 수 있다. 그러므로 불법 도박을 규제하는 법률을 완전히 옹호할 생각은 없지만 — 누구든지 자기 집이나 서로의 집, 또는 자기들 회비로 장소를 마련하여 회원과 방문객들에게만 출입을 허용한다면 자유롭게 도박을 즐길 수 있어야 하지만 — 누구나 출입할 수 있는 대중 도박장은 허용되어서는 안 된다. 물론, 도박을 금지한다고 해서 근절되지도 않는다. 그러니 경찰에 아무리 막강한 권한이 주어져도 도박장은 항상 이런저런 편법을 동원해 문을 열고 있다. 그러나 어느 정도는 사람들 눈을 피해 몰래 영업할 수밖에 없으므로 도박장을 찾아다니는 사람이 아닌 다음에야 대다수 사람은 잘 모를 것이다. 사회가 그 이상을 요구하는 것은 무리다. 이런 주장에는 상당한 설득력이 있다. 나는 주범은 놔주고 종범從犯만 처벌하는 변칙적인 도덕률, 이를테면 뚜쟁이나 도박장 주인은 벌금형이나 금고에 처하면서 간음한 사람 또는 도박꾼은 처벌하지 않는 이상한 도덕률에 충분한 정당성이 있는지를 따져볼 생각은 없다. 그렇지만 물건을 사고파는 일상적인 상거래에 비슷한 논리를 적용해 간섭하는 것은 정당화될 수 없다. 거래되는 모든 물품은 과잉 소비될 수 있고, 또 물건을 판매하는 사람들은 이처럼 과도한 소비를 부추겨 이익을 얻고자 한다. 그렇다고 해서 이런 근거를 들어 메인법 같은 금주법을 정당화할 수는 없다. 독한 술을 파는 사람들이 술의 과잉 소비를 부추겨 더 큰 이득을 추구하려 한다고 해도, 술을 합법적으로 사용하기 위해 술을 거래하는 행위는 필요한 일이기 때문이다. 그러나 주류 판매업자들이 자기들 잇속을 챙기느라 과도하게 음주를 부추긴다면 사회에 해악을 끼치는 일이므로 국가가 나서서 그들에게 제한을 가하는 것이 정당하다. 이런 과정에서 개인의 합법적인 자유가 침해되는 건 어쩔 수 없다.

여기에 한 가지 질문이 더 있다. 국가가 행위자의 이익에 어긋나는 것으로 보이는 어떤 행동을 허락하면서도, 다른 한편으로는 간접적인 규제를 통해 개인의 행위를 가로막아도 되는 걸까? 예를 들어, 국가가 술값을 올리거나 판매하는 장소의 수를 제한함으로써 술을 구매하기 힘들게 만드는 것은 과연 옳은 조치냐 하는 문제다. 이에 대해서도 온갖 현실적 문제와 마찬가지로 여러 가지를 구분할 필요가 있다. 소비를 더 어렵게 만들기 위해 주류에 세금을 부과하는 조치는 정도의 차이만 있을 뿐, 술 소비를 전면 금지하는 규제와 그다지 다르지 않다. 따라서 전면 금지가 정당화될 때만 그것도 정당화될 수 있다. 가격을 인상하면, 인상된 가격만큼 수입이 늘어나지 못한 사람들에게는 술을 사지 못하게 막는 것이고, 그렇지 않은 사람들에게는 음주라는 특정 취향을 충족하는 데 벌금이 부과되는 셈이다. 국가와 개인에 대한 법적, 도덕적 의무를 다한 사람들이 어떤 즐거움을 추구할 것인지, 또 자기가 벌어들인 돈을 어떻게 쓸 것이냐 하는 문제는 전적으로 개인적인 일이므로 어디까지나 그들 자신의 판단에 맡겨야 한다. 일견 이런 생각은 정부가 세입을 늘리기 위해 술을 특별 과세 대상으로 삼은 것을 비난하는 것처럼 보일 수도 있다. 그러나 세입 증대를 목표로 과세를 부과하는 것은 불가피한 일이고, 대부분 나라에서 과세의 상당 부분을 간접세로 충당하고 있음을 기억해야 한다. 그렇다면 국가가 특정 소비 물품의 사용과 관련해 일부 사람에게 사용 금지나 다름없는 처벌을 가하는 행위는 어쩔 수 없는 일이다. 다만, 국가가 어떤 물품에 세금을 부과한다면 그 물건이 없어도 소비자들에게 사는 데 가장 지장이 없는 소비재인지, 또 적정량 이상의 사용이 틀림없이 해악을 불러올 것으로 생각되는 물품인지 반드시 고려하여 선정해야 한다. 그러므로 주류에 매기는 과세는 최대한 세수를 늘릴 수 있는 선까지 용인하는 것은 물론, 오히려 손들어줄 만한 일이다.

주류 판매를 다소 독점적인 특권으로 만드는 문제는 이러한 제약이 도움 되도록 의도한 목적에 따라 다르게 해결되어야 한다. 사람이 많이 모이는 곳, 특히 술집 같은 장소는 사회질서에 위협이 되는 각종 범죄가 빈번하게 일어나는 장소인 만큼 경찰의 통제가 필요할 수 있다. 따라서 이런 장소에서는 이러한 물건들을(적어도 현장에서 소비할 수 있는 물품을) 평소 인품 좋기로 소문난 사람이거나, 믿을 만한 사람에게만 팔도록 제한을 가할 수 있다. 대중 감시에 필요한 요건으로 가게의 개점 및 폐점 시간과 관련해 규정을 만드는 것도 적절하다. 가게 주인의 묵인 또는 무능력으로 치안을 방해하는 행위가 반복되는 경우, 아니면 그 가게가 범죄를 모의하거나 준비하는 장소로 전락한다면, 영업 허가를 취소해도 전혀 문제가 없다. 그러나 그 이상으로 규제한다면 원칙적으로는 정당화될 수 없다. 한 예로, 술 마시러 가는 행위 자체를 어렵게 만들고, 음주 유혹을 제한한다는 명분으로 맥줏집과 일반 술집의 수를 제한한다면, 이런 장소를 남용하게 될 일부 사람 때문에 모든 사람에게 불편을 안기는 셈이다. 이뿐만이 아니다. 이런 식의 규제는 노동자들을 공개적으로 어린아이나 야만인으로 취급하고, 장차 자유라는 특권을 인정받을 수 있도록 그들에게 자제심을 길러줘야 한다고 주장하는 모양새와 다를 바 없다. 그러나 자유국가를 추구하는 여러 나라에서 노동자 계급을 이런 식으로 대우하는 것은 바람직하지 않다. 국가가 그들에게 자유의 가치를 일깨우고 노예가 아닌 자유인으로 대접해주려고 온갖 노력을 기울였는데도 끝내 두 손 두 발 다 들 수밖에 없는 상황에 이르러 그들을 어린아이들처럼 다룰 수밖에 없다는 사실이 명확하게 입증되지 않는 한, 자유의 소중함을 제대로 아는 사람이라면 그 누구도 정부가 자신들을 그런 식으로 통치하는 데 동의하지 않을 것이다. 대안으로 제시하는 그런 노골적인 주장은 지금까지 살펴본 경우만 헤아려봐도 정부가 그만한 노력을 들였다고 생각하는 것이 얼마나 터무니없는지 잘 보여준다. 바로 이 나라의 법과 제도에 많은 모순이 존재하기 때문이다. 영국의 제도에서는 자유가 보편적으로 중시되는 가치다. 그런 분위기 탓에 도덕 교육의 실제 효능인 자제심을 길러줄 만큼의 충분한 통제는 이루어지지 못하는 데 반해, 독재 또는 이른바 온정주의 국가에서나 볼 수 있는 관행은 여전히 나타난다.

나는 이 책의 앞부분에서 한 개인에게만 국한되는 문제에 관한 한, 개인의 자유는 보장되어야 함을 지적했다. 여러 개인이 모인 경우에도 마찬가지다. 오직 그들 자신에게만 관련이 있는 문제에 관해서도 상호 합의에 따라 그들의 원하는 대로 할 수 있는 자유가 주어져야 한다. 이런 경우, 관련된 모든 당사자의 의사가 처음 그대로 유지되기만 한다면 별다른 문제가 생기지 않는다. 그러나 합의 당사자들의 의견 또한 변할 수 있기에 그들에게만 관련된 문제라도 상호계약을 맺을 필요가 있다. 그리고 일단 계약이 체결되면 원칙적으로는 그 계약을 이행해야 한다. 그러나 거의 모든 나라에서 이런 일반 원칙에 예외를 두고 있다. 누구나 제삼자의 권리를 침해하는 계약을 이행할 의무가 없을 뿐만 아니라 계약자 자신에게만 해를 끼치는 계약도 마찬가지로 준수할 필요가 없다. 가령, 영국을 비롯한 대부분 문명사회에서, 자신을 노예로 팔거나, 아니면 노예로 팔리도록 허용하는 계약은 당연히 무효로 법적 구속력이 없으므로 법이나 여론의 이름으로 강제할 수 없다. 자기 운명을 스스로 결정지을 능력을 제한하게 하는 근거는 자명하며, 이 극단적인 예를 통해 더 극명하게 나타난다. 다른 사람의 이익과 관련이 없다면 개인의 자유로운 행동에 간섭하지 않아야 하는 이유는 바로 그 사람의 자유를 존중해주기 위해서다. 그 사람이 자기 스스로 무엇인가를 선택했다는 사실은, 그의 선택이 바람직하거나, 최소한 견딜 만하다는 것이다. 그러므로 개인의 이익은 자신만의 수단을 이용해 목적을 추구할 때 가장 큰 이익을 얻을 수 있다. 그러나 자신을 노예로 파는 행위는 자유를 포기하는 것이다. 그리고 단 한 번의 행동인 듯 보이지만, 그 사람은 미래에도 자유를 누릴 수 없게 된다. 이렇게 해서 그는 자기 자신을 팔아버리는 행위를 정당화해준 근거, 즉 자유의 원리를 폐기해버린 거나 다름없어진다. 그 사람은 이제 자유롭지 못하다. 그 이후부터는 자유로운 상태에서 누릴 수 있었던 모든 이점을 챙길 수 없는 처지에 놓인다. 자유의 원칙이 자유롭지 않을 자유를 요구할 수는 없다. 자유로움에서 멀어지게 한다면 그것은 더는 자유가 아니다. 노예제도라는 특수한 상황에서 뚜렷이 드러나는 이유는 현실에서도 훨씬 더 폭넓게 적용될 수 있다. 아직 인간의 삶에서 자유는 필요에 따라 그 한계가 명확히 그어져 있기 때문이다. 우리가 자유를 단념하는 정도는 아니더라도 자유와 그 한계에 수긍할 수밖에 없는 이유다. 그러나 당사자들만이 관련된 모든 일에 자유로운 행동이 주어져야 한다는 자유의 원칙은, 상호 이해관계가 얽힌 사람들이 제삼자와 무관하게 계약을 체결하더라도 필요에 따라 자유롭게 파기할 수 있음을 뜻한다. 설령 자유롭게 파기할 자유가 허용되지 않는다고 해도, 어떤 약속이나 계약도 금전이나 이에 상응하는 가치가 없다면 해지할 자유가 없는 경우란 존재하지 않는다. 빌헬름 폰 훔볼트 남작은 앞서 인용한 글에서, 개인적인 관계나 봉사를 요구하는 계약들은 일정 기간이 지난 후에는 법적 구속력이 사라져야 한다는 주장을 펼쳤다. 그의 주장에 따르면 그런 계약 중 가장 중요한 결혼은 당사자 두 사람의 감정이 조화를 이루지 않는 한, 그 목적이 손상되는 특수한 계약이라서 어느 한쪽이 계약을 철회하고 싶다는 의지를 표명하기만 해도 충분하다고 말했다. 이 주제는 매우 중요하고도 복잡한 문제인 만큼 짧게 덧붙여 논의될 사항이 아니다. 따라서 내가 말하고자 하는 내용과 관련된 실례를 들어 설명하는 데 필요한 몇 마디만 언급하고 지나가겠다. 훔볼트 남작은 간결하고 일반적인 방식으로 주장을 펼쳐야 했으므로 이 주제의 전제를 자세히 다루지 않고 결론을 제시하는 데 만족해야 했다. 그렇지 않았다면 범위를 한정해 단순한 논리에 근거해 이 문제를 해결할 수 없음을 깨달았을 것이다. 어떤 사람이 명시明示 계약에 의해서든, 혹은 행위를 함으로써 다른 사람에게 자신이 어떤 방식으로 일관되게 행동하리라는 믿음을 심어주었다면, 다시 말해, 다른 사람에게 기대감을 품게 해서 이리저리 재보고, 그 가정을 근거로 삶의 계획을 세우게 했다면, 그에게 타인에 대한 도덕적 의무가 생기게 될 텐데, 이런 의무는 뒤엎을 수는 있어도 무시해버릴 수는 없다. 여기에 두 계약 당사자 사이의 관계가 제삼자에게 영향을 미치는 결과를 낳는다면, 즉 제삼자를 이상한 상황에 처하게 하거나, 아니면 결혼의 경우와 같이 제삼자가 생겨나게 했다면, 두 계약 당사자는 모두 제삼자에게 의무를 다해야 한다. 이 의무의 이행 혹은 그 이행의 형태는 본래 계약자 간의 관계가 그대로 지속되느냐 단절되느냐에 따라 크게 영향을 받게 마련이다. 그러나 계약이 유지되길 바라지 않는 당사자의 행복은 아랑곳하지 않은 채 기필코 계약 이행을 요구하는 정도까지 이 의무가 확대되어야 한다고 볼 수도 없고, 나도 이를 인정할 수는 없다. 그러나 그 의무는 문제의 본질에서 필수적인 요소다. 그리고 훔볼트가 주장하듯이, 비록 이 의무가 계약 당사자들이 계약을 끝낼 수 있는 법적 자유를 보장하는 데 문제가 되어서는 안 되겠지만, (그 점에서는 나 또한 그런 의무가 그다지 크게 영향을 주어서는 안 된다고 생각하지만) 도덕적 자유에 대해서는 대단히 문제가 된다. 따라서 다른 사람의 중요한 이익에 영향을 줄 행동을 취하기 전에, 반드시 모든 상황을 고려해야 한다. 만약 타인의 이익을 적절하게 존중하지 않는다면, 그 잘못된 행동에 반드시 책임을 져야 한다. 누가 생각해도 명백한 말을 꺼낸 것은, 그 이야기들이 그런 특수한 문제(이를테면 마치 당사자인 어른들은 제쳐두고 단지 아이들의 이익만을 고려하는 것 같은 문제)에 꼭 필요해서가 아니고 자유의 일반 원칙을 더욱 잘 설명하기 위해서다.

나는 모든 사람이 인정하는 일반 원칙이 없는 탓에 자유가 허용되지 말아야 할 곳에서는 자유가 주어지고, 거꾸로 자유가 허용되어야 하는 곳에서는 자유가 억눌리는 일이 자주 발생하고 있다고 말한 바 있다. 오늘날 유럽 사회에서 자유의 감정이 가장 강렬하게 표출되는 몇 가지 경우에는 내가 보기에 자유가 전적으로 잘못 주어지고 있다. 어떤 사람이든 자기 자신과 관계된 일에서는 자기 마음대로 행동할 자유가 허용되어야 한다. 그러나 다른 사람의 일이 자기 일이라는 구실을 삼아 다른 사람을 위해 어떤 일을 한다면 자기 마음대로 행동할 자유는 주어져서는 안 된다. 국가는 각 개인에게만 관련된 일에서만큼은 각자 누려야할 자유를 존중해야 하지만, 국가가 각 개인에게 허용한 타인에 대한 권한의 행사에 대해서는 항상 철저하게 통제하고 주의를 기울여야 한다.

이러한 의무 사항은 가족관계에서 거의 무시되고 있다. 개인의 행복에 직접적으로 영향을 미친다는 점에서 다른 모든 관계를 합친 경우보다 더 중대한 일인데도 말이다. 남편들이 아내들에게 폭군처럼 마구 휘두르는 권력은 새삼 더 길게 설명할 필요도 없을 것이다. 이런 해악을 완전히 없애려면 아내들에게도 다른 사람들과 똑같은 권리를 주고 똑같이 법적 보호를 받게 하면 그만이다. 이 문제와 관련해 기존의 부당한 권력을 옹호하는 자들은 자유를 위해 항변하지도 않은 채 아예 드러내놓고 권력의 대변자로 나서기 일쑤다. 자유의 개념이 악용된 나머지 국가가 의무를 수행할 때 가장 방해를 받는 경우가 어린아이들이다. 보통 부모들은 자녀를 비유적인 차원이 아니라, 말 그대로 자신의 일부로 생각하면서 자기 자식들에게 절대적이고 독점적인 통제권을 행사하려 한다. 사정이 이렇다 보니, 법이 조금이라도 간섭할 기미를 보이면 필사적으로 통제권을 지키려고 한다. 자신에 대한 행동의 자유를 법적으로 간섭할 때보다 더 필사적이다. 일반적으로 사람들은 자유보다 권력을 더 중시한다. 교육을 예로 들어보자. 국가가 시민으로 태어난 모든 사람에게 일정 수준까지 교육받도록 요구하고 강제하는 것은 이제 거의 자명한 진리가 아닌가? 그런데도 사람들은 그러한 진리를 인정하고 주장하기를 두려워한다. 한 생명을 이 세상에 태어나게 한 이상, 살아가면서 다른 사람들에게 또 자신의 역할을 잘할 수 있도록 교육하는 것은 부모(또는 현재의 법과 관습에 의하면 아버지)의 가장 신성한 의무 중 하나임을 아무도 부인하지 않을 것이다. 모두가 한마음 한뜻으로 이야말로 아버지가 짊어진 의무라고 말하면서도 막상 아버지들에게 그런 의무를 강제해야 한다는 말에는 이 나라에서 누구 하나 귀담아듣지 않는다. 자녀의 교육을 위해 모든 노력과 희생을 감수하라는 요구를 받기는커녕, 교육이 무상으로 제공된다면 그것을 받아들일지 말지를 결정할 선택권을 그에게만 맡겨두고 있다! 아이의 육체를 위해 먹을 것을 제공하는 것은 물론, 정신의 양식을 위해 필요한 교육과 훈련의 기회를 마련해줄 여력도 없이 아이를 낳는 것은 불행한 자녀나 사회 모두에게 도덕적 범죄를 저지르는 것이며, 부모가 이런 의무를 이행하지 않는다면 국가가 나서서 되도록 부모에게 그 비용을 부담하게 해서 그들이 이러한 의무를 준수하고 있는지 감시해야 한다.

일단 보통 교육의 시행이 의무로 자리를 잡으면, 국가가 무엇을 가르치고, 또 어떻게 가르칠 것인가에 대한 어려운 문제들이 어느 정도는 해결될 수 있다. 현재로서는 그 문제가 단지 종파와 정당 간의 투쟁으로 변질하여 교육에 투입해야 할 시간과 노동력이 그 문제를 둘러싼 무의미한 논쟁을 벌이느라 낭비되고 있다. 설령 국가가 모든 아이에게 교육하도록 강제하겠다고 나서도 직접 교육을 제공하는 번거로움은 덜어낼 수 있다. 부모에게 일임하여 그들이 원하는 장소에서 자기 방식으로 교육할 수 있도록 놔두면 그만이기 때문이다. 국가는 가난한 집안의 아이들이 교육받을 수 있도록 교육비를 지원해주거나, 수업료를 내줄 사람이 아예 없는 경우에는 전액을 부담하기만 하면 된다. 국가가 교육을 강제하는 것에 반대하는 자들의 논리는 국가가 직접 교육을 담당할 때만 적용될 수 있다. 그러나 국가가 단순히 교육을 의무화하는 데 대한 반박의 논리로는 적절하지 않다. 이 둘은 완전히 별개다. 국가가 전체 혹은 상당수 국민 교육을 직접 주도

한다면 나는 누구보다 강력히 반대한다. 나는 지금까지 성격의 개별성과 의견 및 행동 양식의 다양성이 얼마나 중요한지 강조해왔다. 교육의 다양성 역시 이루 말할 수 없는 중요성을 지닌다. 국가 주도 아래 시행되는 보통 교육은 사람들을 똑같은 하나의 틀에 넣어 서로 비슷한 인간형으로 길러내려는 수단에 불과하다. 국가가 국민에게 제시한 틀은 권력을 장악한 지배 세력(왕이든, 성직자든, 귀족이든, 혹은 기존 세대의 다수파든)을 만족시키기 위한 것이다. 그러므로 그런 교육이 효과를 내고 성공을 거둘수록 사람들의 정신을 장악하고 급기야는 육체까지 지배하게 된다. 국가에 의해 확립되고 통제되는 교육이 존재한다고 하더라도, 그것은 다른 교육방식을 높은 수준으로 끌어올리기 위한 시범 사례로 자극을 줄 목적에서 시도되는 여러 경쟁적인 교육방식 중 하나로 한정되어야만 한다. 물론, 사회가 너무 후진적이어서 정부가 주도하지 않으면 적절한 교육 시설을 제공할 수도 없고, 또 그렇게 하려고도 하지 않는다면, 그나마 둘 중에서 해악이 더 적을 쪽을 택하여, 정부가 학교와 대학을 운영할 수도 있다. 대규모 사업을 떠맡을 사기업이 없으면 합자회사를 세우듯이 말이다. 그러나 보통 나라에 정부의 후원 아래 교육을 제공할 자격을 갖춘 사람들이 충분히 있다면 그들이 교육을 의무화하는 법에 따라 일정한 보수를 보장받는 동시에 비용을 감당할 수 없는 아동들에게는 정부 지원이 제공된다면, 국가 주도의 교육 체계 못지않게 자발적으로 양질의 교육을 제공할 수 있을 뿐만 아니라 기꺼이 그렇게 하고 싶어 하지 않을까.

의무 교육을 시행하는 경우, 그 법을 집행하는 가장 좋은 방법은 모든 아동을 대상으로 어릴 때부터 국가가 공개 시험을 주관하는 것이다. 남자아이 여자아이 할 것 없이, 모든 아동이 글을 읽을 수 있는지 평가하기 위해 시험을 치르는 나이를 정해야 한다. 만약 어떤 아이가 글을 읽을 줄 모른다면, 특별한 사유가 없는 한 그 아이의 아버지 적은 액수의 벌금이라도 물어야 한다. 필요할 경우, 노동이라도 해서 벌금을 내야 하고, 또한 아이가 학교에 다니는 데 드는 비용도 부담해야 할 것이다. 그 시험은 매년 한 번씩 실시되며, 과목을 확대해 새롭게 고쳐나가고, 강제적이더라도 전 국민이 일반 지식을 습득하여, 최소한이나마 지적 수준을 유지할 수 있도록 한다. 최소한의 수준을 넘어, 모든 과목을 대상으로 자유롭게 시험에 응시할 수 있게 하여 일정 수준 이상에 도달하면 국가가 인증해주는 방법도 좋다. 국가가 이런 제도를 이용하여 사람들의 생각에 부당하게 영향을 미치는 일이 없도록 하려면, 시험에 통과하는 데 필요한 지식은 언어와 그 사용법과 같이 단순히 도구적 사용에 그치는 지식의 범위를 넘어서야 하고, 상급 수준의 시험에서도 전적으로 사실과 실증과학에 기반한 지식으로 한정해야 한다. 종교, 정치 또는 기타 논쟁의 여지가 분분한 주제를 다루는 시험은 그 의견의 진위를 물어서는 안 되고, 이러이러한 의견이 어떤 근거로 어떤 학자나 학파, 또는 교회의 지지를 받고 있는지 정도만 물어야 한다. 이러한 제도 아래에서 청년들은 모든 의견이 분분한 진리와 관련해 현재보다 많이 알면 알았지 더 모르지는 않을 것이다. 그들은 현재와 마찬가지로 국교회 신자나 국교회 반대자로 자라날 테지만, 국가는 그들이 국교 신자로, 또는 국교 반대자로 잘 길러질 수 있도록 보살피면 된다. 그들의 부모가 원하기만 하면, 그들의 자녀가 다니는 학교에서 종교를 가르친다고 해도 막을 이유는 없다고 생각한다. 국가가 서로 의견이 엇갈린 문제에 대해 시민들에게 특정한 결론을 유도할 수 있는 편견을 심어주려고 시도하는 것은 절대적으로 해악이다. 그러나 어떤 사람이 관심을 기울일 만한 어떤 주제와 관련해 그 사람이 결론에 도달하는 데 필요한 지식을 갖추고 있는지 국가가 공식 인증해주는 일은 할 수 있으리라 생각한다. 예컨대 철학을 공부한 학생이 로크나 칸트 중 어느 쪽 의견에 더 찬성하거나, 혹은 둘 다 동조하지 않는다고 해도, 그 두 사람의 학설에 관한 시험은 더 잘 볼 수 있을 것이다. 무신론자에게 믿음을 강요하지 않는 한, 증험론證驗論, the evidences of Christianity에 관한 시험을 치르게 하는 것에 전혀 반대할 이유가 없다.

그러나 고등 지식을 평가하는 시험은 전적으로 자율에 맡겨야 한다. 만약 정부가 자격 미달이라는 이유로 어떤 사람을 특정 전문 직종, 심지어 교직에서 배제할 수 있다면 그것은 정부에 너무나 위험한 권력을 부여하는 셈이다. 그래서 나는 빌헬름 폰 훔볼트와 마찬가지로 시험에 응시해 통과한 사람은 누구나 과학적 또는 전문적 지식에 관한 학위나 기타 공인 자격증을 내줘야 한다고 보지만, 그런 자격증이 사회가 그 능력을 인정해주는 정도의 무게감을 넘어서서 경쟁자들보다 더 유리한 위치를 선점하게 해서는 안 된다고 생각한다.

부모들이 도덕적 의무를 다해야 할 확실한 근거가 있고, 또한 법적으로도 그 의무를 져야 할 경우가 많은 데도, 자유에 관한 그릇된 인식으로 도덕적 의무를 깨닫지 못할뿐더러 법정의무도 부과되지 않는 경우는 비단 교육 문제에서만 나타나는 현상이 아니다. 한 인간을 탄생하게 한다는 사실 그 자체는 인간의 삶에서 가장 큰 책임을 져야 할 행위 중 하나다. 이런 막중한 책임을 떠맡는 것, 즉 저주가 될지 축복이 될지 모를 어떤 삶을 부여하는 것은, 삶을 부여받은 존재가 적어도 인간다운 삶을 살 가능성이 평균에 한창 못 미친다면, 그 존재에게 범죄를 저지르는 것과 다르지 않다. 그러므로 인구 과잉의 나라, 또는 인구 과잉의 조짐이 보이는 나라에서 최소한의 수 이상의 아이를 출산한다면 아이들끼리 벌이는 경쟁으로 노동에 따른 보상이 감소하는 효과가 나타나 노동으로 벌어들인 수입에 의존해 살아가는 모든 사람에게 심각한 죄를 짓는 일이 된다. 유럽 대륙에 있는 여러 나라에서는 결혼 당사자들이 가족의 생계를 책임질 수단이 있음을 증명하지 못하면 결혼을 금지하는 법이 있는데, 이를 두고 국가의 정당한 권한을 넘어선다고 보기는 어렵다. 그런 법이 단순한 미봉책에 불과하든 그렇지 않든 간에(이는 주로 그 지역의 사정과 지역 정서에 따라 결정될 문제다) 적어도 자유를 침해한다고 보기는 어렵다. 이러한 법은 남에게 해를 끼치는 행동, 다시 말해, 법적 처벌까지는 필요하지 않더라도 세상 사람들에게 비난받고 사회적으로 낙인찍힐 수도 있는 나쁜 행동을 막기 위해 국가가 정당하게 간섭하고 있을 뿐이다. 그러나 오늘날의 자유사상이 행위의 당사자에게만 영향을 미치는 일에도 별다른 저항 없이 개인의 자유를 침해하는 쪽으로 기울고 있는 한편, 무절제한 생활의 결과 어떤 식으로든 영향을 받을 수밖에 없는 자식들에게 미칠 여러 해악은 물론, 그들의 삶이 비참해지고 잘못된 길로 빠지게 될 것을 우려해 국가가 제약을 가하려고 시도하면 크게 반발한다. 기이할 정도로 자유를 존중하는 마음이 대세인 동시에 기이할 정도로 자유가 부족한 현상을 마주하면서 이 두 가지를 비교하고 있노라면, 마치 인간이라는 존재는 다른 사람들에게 해를 입힐 권리를 가지고 있으면서, 그 누구에게도 고통을 주지 않으면 행복해질 수 없는 존재인 듯한 생각마저 들게 한다.

나는 정부가 개인의 자유에 어디까지 간섭할 수 있는지, 그 한계와 관련해 다뤄야 할 아주 중요한 문제를 마지막까지 남겨두었다. 이 책의 주제와 긴밀하게 연관되어 있지만, 엄밀하게 말하면 딱히 그렇다고 말하기 어려운 부분이다.

바로 정부의 간섭에 반대하는 이유가 자유 원리에 따라 결정되지 않는 경우를 짚어보려는 것이다. 말하자면 개인의 자유로운 행동을 제약하는 것이 아니라, 오히려 그 행동을 도와주는 경우다. 개개인 각자가 또는 다수가 자발적으로 협력해 일을 처리하도록 놔두지 않고, 국가가 나서서 그들의 이익을 위해 개입하는 데 대한 의문이다. 정부의 간섭이 개인의 자유를 침해하지 않는 상황에서도 정부의 간섭에 반대하는 논리는 다음의 세 가지 이유에서다.

첫째, 정부보다 개인이 나섰을 때 어떤 일을 더 잘할 가능성이 큰 경우다. 일반적으로 말해, 어떤 일을 수행하거나, 또는 그 일을 누가 어떻게 할 것인지 결정하는 데 이해 당사자들보다 그 일에 더 적합한 사람들은 없을 것이다. 이 원리는 한때 입법기관이나 정부 관료가 통상적인 경제활동 과정에서 흔히 보여주었던 여러 간섭이 옳지 않다고 보고 있다. 그러나 이 주제는 이미 (정치) 경제학자들에 의해 충분히 논의되었고, 이 책에서 다루는 내용과는 특별히 관련이 없다.

두 번째 반대론은 이 책의 주제와 좀 더 밀접한 관련이 있다. 대부분 경우, 평균적으로는 개개인이 어떤 특정한 일을 정부 관료들처럼 훌륭하게 처리하지는 못한다. 그러나 그런 상황에서도 정부가 그 일을 하는 것보다, 정신을 교육하는 차원에서 개인이 하는 것이 바람직하다. 왜냐하면 이를 통해 본인의 실무 능력을 강화할 수 있고, 판단력을 길러 향후 그들이 처리하게 될 일에 유사한 실무 지식을 쌓을 수 있기 때문이다. 배심원(정치적인 사건이 아닌 경우) 활동이나, 자유롭고 대중적인 지방자치 기관의 활동에 참여하거나, 또는 자발적으로 연계한 여러 사회단체나 자선사업 운영을 장려하는 (유일한 이유는 아니지만) 주된 이유가 여기에 있다. 그러나 이런 활동은 자유의 직접적인 문제라기보다는 그런 경향은 아주 조금 관련되어 있을 뿐, 본질에서는 인간 발전에 관한 문제라고 할 수 있다. 현재로서는 국민 교육의 하나로서, 사실은 자유인들에 대한 정치 교육의 실천적 부분이라고 할 시민에 대한 특별한 훈련으로서 이런 활동들 — 사람들을 개인 및 가족 이기주의의 좁은 울타리에서 끌어내 공동의 이익을 둘러싼 이해와 공동 관심사를 관리하는 능력을 익히게 함으로써 공공의 목적, 또는 공적인 성격을 띠는 목적에 따라 행동하며, 서로를 고립시키기보다는 통합을 목표로 이끌어가도록 습관화하는 것 — 을 길게 설명한다면 주제가 달라질 수 있다. 이러한 습관과 능력을 기르지 않는다면, 자유로운 정치제도를 운영할 수도, 보존할 수도 없게 된다. 지역 단위의 자유가 충분한 기반을 다지지 못한 나라에서 정치적 자유도 불안정한 것과 마찬가지다. 순수 지역 사업은 지역민이 직접 관리하고, 대규모 사업은 자발적으로 자금을 댄 사람들이 공동으로 운영하는 것이 바람직하다. 바로 이 책에서 강조한 대로, 개별성의 발전과 다양한 행동 양식을 통해 얻을 수 있는 모든 이점을 고려하면 더더욱 권장될 만하다. 정부 사업은 어디에서나 비슷하다. 반면, 개인 및 자발적으로 협력한 단체들에는 다채로운 실험과 끝도 없이 다양한 경험이 쌓인다. 국가의 유용한 역할은 개개인이 수많은 시행착오를 거쳐 축적한 경험을 차곡차곡 모아서 보관하고 적극적으로 전달하고 보급하는 것이다. 정부 주도 아래 이루어진 실험이 아니더라도 그것을 배척하는 게 아니라, 다른 사람들의 실험으로부터 각 개인이 혜택을 얻을 수 있도록 이끌어주는 것이야말로 바로 국가가 할 일이다.

정부의 간섭을 제한해야 하는 세 번째이자 가장 강력한 이유는, 국가 권력을 불필요하게 늘려 거대하게 만드는 것이야말로 엄청난 해악이기 때문이다.

정부가 이미 많은 권한을 행사하고 있는 직분에 또 다른 직권이 보태지면, 사람들의 희망과 불안을 지배하는 정부의 영향력이 더 널리 확산하면서 일부 활동적이고 야심에 찬 대중을 점점 더 국가 또는 집권을 노리는 정당의 주변을 어슬렁거리면서 떡고물이나 떨어지기를 기다리는 사람들로 변질하게 할 것이다. 만약 도로나 철도, 은행, 보험회사, 거대 합자회사, 대학, 그리고 공공 자선 단체가 전부 다 정부산하단체가 되어버린다면, 게다가 지방자치단체인 시市의 사업으로 경영하는 기업과 지방 위원회, 그리고 이들 기업과 위원회에 위임한 모든 부문이 중앙정부부처 소관이 된다면, 그 결과 각기 다른 기업과 단체에서 일하는 사람들이 전부 다 정부에 의해 임용되고 급여를 받으면서 정부가 더 높은 자리에 앉혀주기만을 오매불망 바라고 있다면, 아무리 언론의 자유와 민주적 절차에 따라 구성된 의회가 발전된다고 하더라도 이런 나라들에서 자유는 명목상으로만 존재할 뿐이다. 행정부가 더 효율적이고 과학적으로 조직될수록, 즉 최고의 기술과 두뇌를 가진 똑똑한 인재들을 공무원으로 선발하는 채용 방식이 발전할수록, 그 해악은 더 커질 것이다. 영국에서는 최근 가장 지적 능력이 뛰어나고 학식이 풍부한 사람을 확보할 요량으로 정부의 모든 공직자를 경쟁시험을 통해 채용해야 한다는 의견이 나오자 이 제안을 찬성하는 쪽과 반대하는 쪽으로 나뉘어 수많은 말과 글이 오가고 있다. 반대하는 쪽에서는 국가가 제공하는 평생직장은 최고의 능력과 자질을 갖춘 인재들을 끌어들일 만큼 보수나 중요성 측면에서 장래성이 밝지 않다는 점을 가장 큰 이유로 꼽는다. 이런 사람들은 전문직이나, 민간 기업, 그 밖의 다른 공공 기관에서 매력적인 직업을 찾게 될 것이라고 주장했다. 찬성하는 쪽에서 이 제안이 실행에 옮겨질 때 맞닥뜨리게 될 어려움을 지적하면서 이런 말을 했다면 그다지 놀랍지도 않았을 텐데. 반대하는 쪽에서 이런 주장을 펼쳤으니 묘할 따름이다. 반대하는 사람들은 이 제도를 시행하게 되면 안전판이 존재하지 않는다는 점을 집중적으로 파고들었다. 정말로 이 나라의 모든 인재가 정부 쪽으로 유입될 가능성이 있다면, 그런 결과를 불러올 이런 제안에 심기가 몹시 불편해질 수밖에 없다. 만약 조직적인 협력, 또는 광범위하고 종합적인 사고방식을 요구하는 사회의 모든 활동이 정부의 통제를 받고, 정부의 모든 부서가 최고의 인재들로 채워진다면, 이 나라에서 전적으로 사변적인 성격을 갖는 일을 제외하면 대규모 문화사업은 물론 실천적 지식이 필요한 수많은 대형 사업들은 관료조직에 집중될 테고, 이 사회의 나머지 모든 사람은 무슨 일을 하든 이들만 쳐다보고 있어야 할 것이다. 다시 말해, 모든 일을 처리하는 과정에서 오직 관료들의 지

시와 명령에 의지하게 될 테고, 또 그중에 능력 있고 야심 있는 사람들은 고위 공무원이 되어 출세하려고 관료들에게 촉각을 곤두세울 것이다. 그 결과, 어떻게 해서든 관료조직의 일원이 되고, 일단 조직에 들어가고 나서는 높은 자리에 올라 신분 상승을 꾀하는 것이 유일한 소망이 될 것이다. 이렇게 되면, 관료조직 바깥으로 밀려나 있는 자격 미달인 보통 사람들은 실무 경험이 부족한 탓에 관료들이 일하는 방식에 제대로 된 비판이나 견제하는 역할을 할 수 없게 된다. 또는 어찌어찌하여 이런 전제적인 정치 체제에서, 혹은 민주적인 제도의 정상적인 활동 과정에서 때때로 개혁적 성향의 지도자들이 집권한다고 해도 관료조직의 이익에 어긋나는 그 어떤 개혁도 실효를 거둘 수 없게 된다. 러시아 제국을 오랫동안 관찰할 기회를 가졌던 사람들의 설명에 따르면, 러시아 제국이 딱 그런 암울한 처지에 놓여 있다. 러시아 황제인 차르 자신에게도 관료 집단을 통제할 힘이 없다. 물론, 자기 마음에 들지 않는 관료는 누구든지 시베리아로 보내버릴 수 있지만 그들 없이는 혹은 그들이 원하지 않으면 무리하게 그 어떤 정책을 펼 수 없는 처지다. 차르가 내리는 모든 법령을 아무것도 집행하지 않으면 그만이니까 사실상 이런 방법을 써서 암묵적으로 거부권을 행사할 수 있다. 문명이 좀 더 발달하고 반항심이 강한 나라에 사는 사람들은 국가가 으레 그들을 위해 모든 것을 다 해주리라 기대한다. 아니면 어떤 일을 해도 되는지, 또 그 일을 어떻게 해야 하는지를 국가에 물어보지 않고서는 혼자 아무것도 하지 않으려고 한다. 그래서 자신들에게 잘못된 일이 생기면 그것이 무엇이든 국가가 당연히 책임져야 하고, 행여 그 해악이 자신들의 인내 수준을 넘어서기라도 하면 정부에 맞서 이른바 혁명을 일으킨다. 그 결과는 어떤가? 어떤 사람이 국민의 지지를 등에 업고서, 혹은 그런 합법적 권한이 없는 다른 누군가가 최고 통치자 자리에 올라 관료들에게 명령을 내리더라도 달라진 건 없다. 관료조직은 변함이 없고, 그것을 대신할 수 있는 것 또한 아무것도 없기 때문이다.

자기 일을 알아서 직접 처리하는 사람들은 아주 다른 모습을 보여준다. 프랑스에서는 다수의 국민이 군복무를 했고, 그들 중 상당수는 적어도 부사관 계급장을 달아본 사람들이어서인지 민중 봉기가 있을 때마다 선두에서 진두지휘하며 임시변통이더라도 웬만큼 괜찮은 행동 계획을 제시하는 유능한 사람이 여럿 나타났다. 프랑스인들에게 군대 경험이 있다면, 미국인들에게는 온갖 종류의 시민사회 경험이 있다. 미국인들은 정부가 없는 상황에 놓이더라도, 자기들끼리 뚝딱 정부를 하나 조직해서는 정부 못지않은 지적 역량과 질서와 결단력을 발휘해 그 업무나 다른 공공사업도 척척 해낼 것이다. 이것이야말로 모든 자유 국민의 모범이 아닐 수 없다. 그리고 이만한 일을 해낼 사람들은 틀림없이 자유를 누릴 수 있다. 미국인들은 어떤 한 개인이나 조직에 의해 자신들이 질질 끌려가는 것을 절대 허용하지 않을 것이다. 왜냐하면 이런 개인이나 집단이 중앙행정 조직을 장악하고 언제든 그들의 자유를 빼앗을 수 있기 때문이다. 어떤 관료도 이런 국민의 뜻을 거스르면서까지 일을 밀고 나갈 수 없다. 이와 반대로 관료가 모든 것을 좌지우지하는 사회에서는 관료가 실제로 강하게 반대하는 일이라면 그 어떤 것도 속도를 낼 수 없다. 이런 나라의 국가 조직은 결국 경험과 정치적 능력을 겸비한 국민을 추려 나머지 국민을 다스리기 위해 체계 있게 만든 집단에 불과할 뿐이다. 조직이 완벽할수록, 사회의 거의 모든 계층에서 가장 유능한 인재를 최대한 끌어모아 그 조직에 맞는 인간형으로 육성하는 데 성공할수록, 관료조직의 구성원을 포함한 모든 사람에 대한 구속은 더 완전해진다. 지배받는 자들이 지배자의 노예인 것처럼, 그에 못지않게 지배자도 자신이 만든 집단과 규율의 노예가 될 수 있어서다. 중국 조정의 고관들은 가장 말단에 있는 경작자들만큼이나 그 조직의 도구이자 산물이었다. 마찬가지로, 예수회Jesuit 그 자체는 수도사들의 집단 권력과 그 중요성을 위해 존재하지만 수도사 한 명 한 명은 조직의 가장 낮은 자리에 있으면서 그들 조직에 봉사하는 것과 같은 맥락이다.

아울러, 한 나라의 모든 중요한 역량을 정부 조직으로 흡수 통합하는 것은 정부의 정신활동과 발전에 치명적 손상을 줄 수 있다는 점을 절대 잊어서는 안 된다. 자기들끼리 뭉치기 좋아하는 관료조직은 다른 모든 조직과 마찬가지로 필연적으로 대개 고정된 규칙에 따라 움직이기 때문에 나태한 일상에 안주하고 싶은 유혹에 끊임없이 흔들린다. 아니면, 이따금 다람쥐 쳇바퀴

도는 일상에서 잠시 벗어날 수 있더라도, 조직의 요직에 있는 일부 사람이 마음에 들어 하는 (어중간하고 조잡한) 일에 성급하게 달려들고 싶은 유혹에 시달리거나. 얼핏 상반된 듯 보여도 실질적으로 밀접하게 연관된 이 두 가지 성향을 견제하고 그 조직 자체의 능력을 높은 수준으로 끌어 올려줄 유일한 자극은 공무원 조직 밖에서 활동하는 대등한 능력을 소유한 사람들이 주의 깊게 지켜보면서 비판을 가하는 것이다. 그러므로 그와 같은 능력을 키워서 중요한 실무와 관련해 올바른 판단을 내리는 데 필요한 기회와 경험을 정부에 제공해줄 수단이 국가기관 밖에 독립적으로 존재해야 함은 대단히 중요한 사실이다. 만약 우리가 유능하고 능률적인 관료 집단, 무엇보다도 진보를 일으키고 또 기꺼이 그것을 취할 수 있는 집단을 영구히 가지려면, 또 관료기구들을 그저 자기들의 학문과 식견이나 뽐내는 집단으로 전락하지 않게 하려면, 이 조직이 모든 사람의 정부가 되는 데 능력을 키우고 발전시키는 데 필요한 모든 업무를 독점하게 해서는 안 된다. 인간의 자유와 진보에 어마어마한 해악이 발생하는 시점은 언제인가? 사회의 안녕을 가로막는 장애물들을 제거하기 위해 사회가 공인한 지도자들을 내세워 사회의 힘을 집단으로 사용할 때 우리가 얻을 수 있는 이익이 각종 해악보다 더 두드러지는 시기는 언제부터인가? 이와 더불어, 일상적인 활동의 너무 많은 부분이 정부에 흘러 들어가지 않도록 하면서 집중화된 권력과 지적 능력이 가진 이점을 최대한 확보하는 것이야말로 정치 기술에서 가장 어렵고도 복잡한 문제 중 하나다. 이는 대체로 세부적인 문제로서 수없이 다양한 사항들을 염두에 두고 있어야 하며, 그 어떤 절대적인 규칙도 정해져 있지 않다. 그러나 나는 안전한 실천 원리, 마음속에 품은 이상, 난관을 극복하기 위해 창안한 여러 처리 방식을 검증할 기준으로 다음과 같은 제언을 통해 전달하고자 한다. 효율을 잃지 않으면서 권력을 최대한 분산하라. 그러나 정보는 되도록 중앙으로 집중하게 한 후, 그곳에서 확산하라. 이렇게 해서, 도시 행정은 뉴잉글랜드의 경우에서 보듯이, 이해관계가 직접적으로 걸려 있는 사람에게 맡기지 않는 게 좋은 일은, 그 지역 주민들이 선출한 공무원에게 부서를 아주 작게 나누어 처리하게 하면 된다. 그러나 이외에도 지방행정을 담당하는 각 부서에는 정부의 중앙감독 기관이 필요하다. 이 감독기관은 모든 지자체의 행정 업무, 해외에서 발생한 비슷한 일, 그리고 정치학의 일반 원리에서 비롯한 다양한 정보와 경험을 초점을 맞추듯 한곳에 집중시킬 것이다. 이 감독기관은 일어난 모든 일을 알 권리가 있고, 한 기관에서 얻은 지식을 다른 곳에서도 이용 가능하게 해줘야 할 의무가 있다. 이 기관의 높은 지위와 폭넓은 관찰 덕분에 지역의 사소한 편견과 편협한 시각에서 벗어날 수 있으므로 중앙기관의 충고는 자연스레 상당한 권위를 인정받게 된다. 그러나 나는 항구적인 제도로서 그 기관이 가지는 실제 권한은 지방정부 공무원들이 그들의 행동 지침을 따르도록 제정한 법률을 준수하도록 촉구하는 정도로 국한하고, 일반 규칙에 포함되지 않은 사항과 관련해서는 지역 주민에 대한 책임을 근거로 자신의 판단에 따르도록 하는 것이 좋다. 규칙을 위반한다면 그들도 법적 책임을 져야 하고, 그와 같은 규칙 자체는 입법부가 제정해야 한다. 중앙정부는 단지 그 규칙이 잘 집행되는지 지켜보기만 하면 된다. 그리고 제대로 시행되고 있지 않으면 사안의 성격에 따라 법정에 호소하여 법을 집행하게 하든지, 아니면 지역 유권자들에게 호소하여 법의 참목적에 따라 이를 실시하지 않은 공무원을 해임하도록 요구하면 된다. 일반적인 개념에서 영국의 구빈법위원회Poor Law Board(1834년에 영국의 수정된 구빈법에 따라 설치된 구빈법위원회는 중앙집권적 기관이었다. 1871년에는 의회의 관할 아래 신설된 지방 단체기관으로 업무가 이양되었다-옮긴이)도 전국의 구빈세Poor Rate 담당 관리들을 중앙에서 감독하기 위해 세운 기관이었다. 위원회가 그 한계를 넘어서는 권한을 행사했더라도 지역 주민들뿐만 아니라 국민 전체에 심각한 영향을 주는 문제에 대해 당국의 뿌리 깊은 행정 실책을 바로잡기 위해 절실하게 요구된 특별한 사례였음을 고려한다면 이는 꼭 필요하고 정당한 일로 생각할 수 있다. 왜냐하면 어떤 지역도 자기 지역을 빈곤 상태의 소굴로 내몰아 빈민들이 어쩔 수 없이 다른 지역으로 옮겨 가게 만들고 그 지역까지 빈민들로 넘쳐나게 해서 모든 노동자 계급의 도덕적, 육체적 상태에 손상을 가할 도덕적 권리를 가지고 있지 않기 때문이다. 구빈법보호국에 주어졌던 행정적 강제력과 그에 따른 입법행위(그러나 이 문제에 대한 여론이 좋지 않아 실제로는 거의 실행되지 못했다)는 가장 중요한 국가의 이익을 위한 차원이라는 측면에서는 더없이 정당하지만, 순전히 지역의 이해관계만 걸린 문제를 감독하는 것은 적절하지 않다. 그러나 모든 지역에 정보와 지침을 전달하는 중앙기관은 모든 행정 부서에 똑같이 값진 것이다. 정부가 개인들의 노력과 발전을 저해하지 않고, 도움을 주며 활기를 불어넣는 활동은 많으면 많을수록 좋다. 개인과 단체의 활동과 권한을 샘솟게 하는 대신 그들이 할 일을 정부 활동으로 대체해버리고, 정보를 주거나 조언해주면서 때로는 회초리를 드는 대신 족쇄를 채워 일하게 하거나, 아니면 그들을 옆으로 밀어내고 자신들이 직접 해버리면 온갖 폐해가 발생한다. 국가의 가치는 결국 국가를 구성하고 있는 개인들의 가치다. 국민의 정신적 발전과 성장은 뒷전이고 사소한 행정 실무 능력, 또는 업무의 세세한 부분에서 연습하면 늘게 마련인 비슷한 능력을 더 앞세우는 국가, 또한 아무리 선한 의도에서 한 일이더라도 국가가 손에 쥔 온순한 도구가 되게 하려고 시민을 왜소하게 만드는 국가는, 그렇게 그릇이 작은 사람들로는 위대한 일은 결코 성취할 수 없음을 알게 될 것이다. 그리고 모든 걸 제물로 바쳐 탄생한 완벽한 기계가 더욱 매끄럽게 작동할 수 있도록 그 동력마저 없애버려서 결국 아무 쓸모가 없게 되었음을 깨닫게 될 것이다.

존 스튜어트 밀 연보

1806년 영국 런던 펜톤빌에서 5월 20일에 철학자이자 역사학자인 제임스 밀의 장남으로 태어나다.

1809년 세 살 나이에 그리스어를 배우다. 이후 여덟 살 이전에 이솝 우화와 헤로도투스의 《역사》, 플라톤의 《대화편》 등을 그리스어로 읽다.

1814년 라틴어, 기하학, 대수학을 배워 오비디우스, 투키디데스 등의 고전 작을 읽다.

1818년 논리학을 공부하다.

1819년 정치경제학에 입문하여 아담 스미스와 데이비드 리카도 등을 연구하다.

1820년 제레미 벤담의 동생 사무엘 벤담 가족과 프랑스에서 1년간 생활하다. 이 무렵 몽펠리에대학교에서 화학, 동물학, 논리학 강의를 듣고 고등수학을 배우다.

1823년 영국 동인도회사East India Company에서 근무를 시작하다.

1827년 극심한 신경 쇠약에 시달리다.

1830년 해리엇 테일러를 처음 만나고, 그녀와 교류하며 정신적으로 안정을 찾아가다.

1836년 생을 마감한 아버지 제임스 밀을 떠나보내다.

1843년 《논리학 체계A System of Logic》를 출판하다.

1848년 《정치경제학 원리*Principles of political Economy*》를 출판하다.

1851년 해리엇 테일러와 결혼하다.

1858년 동인도회사를 나오고, 프랑스 여행 중 폐출혈이 온 해리엇 테일러
와 사별하다.

1859년 《자유론*On Liberty*》을 출판하다.

1861년 《대의정치론*Considerations on Representative Government*》을 출판하다.

1863년 《공리주의*Utilitarianism*》를 출판하다.

1868년 《영국과 아일랜드*England and Ireland*》를 출판하다.

1865년 세인트앤드루스대학교 학장 재임과 더불어 런던 웨스트민스터에
서 하원의원으로 선출되다.

1866년 여성 참정권을 주장하고, 비례대표제와 보통선거권의 도입 등 의
회와 선거 제도의 개혁을 촉구하다.

1869년 《여성의 예속*The Subjection of Women*》을 출판하다.

1873년 프랑스 아비뇽에서 홍역으로 5월 7일에 생을 마감하고 아내 곁에
묻히다. 유족이 《자서전*Autobiography*》을 출판하여 그를 기리다.

자유론

초판 1쇄 인쇄 2023년 4월 10일
초판 5쇄 발행 2025년 4월 7일

지은이 존 스튜어트 밀
옮긴이 이현숙
펴낸이 이효원
편집인 송승민
마케팅 추미경
디자인 양미정(표지), 이수정(본문)
펴낸곳 올리버
출판등록 제395-2022-000125호
주소 경기도 고양시 덕양구 삼송로 222, 101동 305호(삼송동, 현대헤리엇)
전화 070-8279-7311   팩스 02-6008-0834
전자우편 tcbook@naver.com

ISBN 979-11-94381-31-0 (04080)
    979-11-89550-89-9 (세트)

이 책은 저작권법에 따라 보호받는 저작물이므로 무단전재와 무단 복제를 금지하며,
이 책의 전부 또는 일부를 이용하려면 반드시 도서출판 올리버의 동의를 받아야 합니다.

• 값은 뒤표지에 있습니다.
• 잘못된 책은 구입하신 서점에서 바꾸어 드립니다.

* 도서출판 올리버는 탐나는책의 교양서 브랜드입니다.

올리버 세계교양전집 목록